Eier-lei
Was Hühner empfehlen

Eier-lei

Was Hühner empfehlen

TOMUS

Satz: DTP-Dompteuse
Druck und Bindung:
Color Offset, München
1 2 3 4 5 01 00 99 98 97
Auflage Jahr
(jeweils erste und letzte Zahl maßgeblich)

ISBN 3-8231-1515-4

Dieses Buch wurde auf chlorfrei gebleichtem Papier gedruckt.

Inhalt

Ei love you

Einleitung

Wie kostbar, symbolträchtig und zerbrechlich ist doch das Ei! Trotzdem malträtieren wir es zum Zwecke der guten Ernährung: Wir schlagen, zerschneiden, hacken und rühren es. Es wird von uns pochiert, gebraten, gekocht, und die Chinesen vergraben es sogar in der Erde, um es als faules Ei wieder zutage zu befördern.

In diesem Buch kommt garantiert kein Gericht ohne Ei vor. Für Salate, Fisch- und Fleischgerichte, für Soße, Backwaren und Süßspeisen muß das Ei dran glauben. Und immer, wenn wir es verwenden, können wir dankbar vermerken: So ein Ei ist gesund! Es enthält die Vitamine A, B1 und B2, dazu Mineralstoffe, wie Natrium, Kalium und Calcium, Eisen und Phosphor. Und außerdem Eiweiß, Fett und Kohlehydrate. Übrigens: ein Ei der Gewichtsklasse 3 hat nur ca. 90 Kalorien oder 377 Joule.

Das sollte uns öfter als bisher dazu veranlassen, an bestimmten Tagen eine fleischlose Kost zu genießen, speziell in der heißen Zeit.

Und weil wir gerade das hohe Lied des Ei singen, denken wir daran, daß wir nicht nur für den Magen, sondern auch für Haut und Haare etwas mit dem Ei anfangen können: Eine Eigelb-Gesichtsmaske strafft die Haut, eine Eiwäsche kräftigt das Haar und macht es glänzend. Und dann soll es da noch das probate Mittel gegen Blässe geben: Rotwein mit Ei verquirlt und mit viel Ruhe und Überzeugung genossen. Die schnelle Wirkung wird nicht nur dem Wein zuzuschreiben sein. Man kann hernach wieder frisch durchpulst und mit leicht geröteten Wangen zum Tagesgeschehen übergehen und nach Lust und Laune ... ein Eiergericht zubereiten. Lassen Sie sich von den nachfolgenden Rezepten anregen, die soweit nicht anders angegeben, für vier Personen reichen.

Kuckucksei

Die kommen wie gelegen

Salate und andere Appetitmacher

Klare Fleischsuppe mit Eierschaum

2 Würfel klare Fleischbrühe
1 Ei
1 gestr. EL Mehl

Fleischsuppe nach Vorschrift zubereiten. Das Eigelb mit dem Mehl verrühren, das Eiweiß zu Schnee schlagen, den Schnee unter die Eigelbmasse mischen und den Eierschaum auf die Fleischsuppe gießen.
Die festgewordene Masse dann leicht mit dem Schneebesen schlagen und die Suppe anrichten.

Eier mit Pilzköpfchen

8 hartgekochte Eier
1 EL Sauerrahm
Pfeffer
1 TL Sardellenpaste
8 Pilzköpfe (in Essig eingelegt)
Petersilie

Die hartgekochten Eier schälen und an den spitzen Enden jeweils einen Deckel abschneiden.
Jetzt aus allen Eiern vorsichtig die Dotter herausnehmen. Vermengen Sie diese mit Sardellenpaste, Sauerrahm und dem Pfeffer. Alles abschmecken und evtl. entsprechend nachwürzen.
Die Masse vorsichtig in die leeren Eihälften füllen, jeweils ein Pilzköpfchen darauflegen und anschließend mit Petersilie garnieren. Richten Sie zum Servieren alles auf einem mit Salatblättern ausgelegten Teller an.

Klare Fleischsuppe mit Spargel und Eieinlauf

2 Würfel klare Fleischbrühe
1 l Wasser
200 - 250 g gekochter Spargel
etwas Spargelwasser
1 Ei

Klare Fleischsuppe nach Vorschrift zubereiten. Den Spargel mit etwas Spargelwasser hineingeben.
Noch gehaltvoller wird die Suppe mit Eieinlauf. Dann vor dem Anrichten ein verquirltes Ei langsam dazugeben.

Schinken-Ei-Röllchen

4 Scheiben roher Schinken
Muskat
Pfeffer
1 Ei
3 EL geriebener Schweizer Käse
1 TL Öl

Käse, Ei, Muskat und Pfeffer zu einer dicken Masse vermischen. Zu kleinen Würstchen rollen und mit Schinken umwickeln. In eine Pfanne mit heißem Fett legen und auf allen Seiten einige Minuten braun braten.
Nach Belieben mit Pfeffer, Muskat und Curry nachwürzen.
Die Schinken-Ei-Röllchen auf ein Salatblatt legen und eventuell mit Bratkartoffeln servierten.

Klare Fleischsuppe mit Eierstich

2 Würfel klare Fleischbrühe
1 l Wasser
2 Eier
1/8 l Milch oder halb Milch und halb Fleischsuppe
geriebene Muskatnuß
1 Prise Salz
etwas Butter oder Fett

Die Eier werden mit der Milch (oder zur Hälfte Milch und Fleischsuppe), geriebener Muskatnuß, 1 Prise Salz verquirlt, dann durch ein Sieb in eine gefettete Tasse gegossen und im heißen – aber nicht kochenden – Wasserbad gestockt.
Die vollständig erkaltete Masse stürzen und in kleine Vierecke schneiden. In eine Terrine geben und mit der inzwischen bereiteten klaren Fleischbrühe übergießen.

Eier mit Basilikum

6 hartgekochte Eier
1 Bund Basilikum
Salz, Pfeffer
Senf
Öl

Eier schälen, kleinschneiden und in eine Schüssel geben. Basilikum waschen, ein paar schöne Blätter abzupfen und beiseite legen. Den Rest in Streifen schneiden. Essig mit etwas Wasser verdünnen und mit frisch gemahlenen Pfeffer, Salz und Senf verrühren. Öl hinzufügen. Alles schaumig schlagen. Basilikumstreifen untermischen und die Soße mit einem Löffel über die Eier träufeln. Mit Basilikumblättchen dekorieren.

Bunte Eierschnitte

1 Scheibe Vollkornbrot
10 g Butter
125 g Kräuterquark
1 hartgekochtes Ei
einige Radieschen
1 Tomate
Salatgurken
1 Salatblatt
Kräuter
Salz

Brot mit Butter und Quark bestreichen, bunt mit Eischeiben, Tomatenachteln, Salatblatt, Gurke, Radieschen und Kräutern belegen und mit Salz bestreuen.

Kaviartraum

8 bis 10 Portionen

8 hartgekochte Eier
4 EL geschmolzene Butter
1 gehackte Zwiebel
1 Glas Anchovis, abgetropft
1 EL Mayonnaise
2 EL gehackte Petersilie
Saft einer halben Zitrone
1/4 l Sauerrahm
400 g Kaviar

Die hartgekochten Eier mit einer Gabel zerdrücken und mit Butter und der Hälfte der Zwiebel vermengen.
In eine große, eckige Backform verteilen. Mindestens eine Stunde in den Kühlschrank stellen. Anchovis mit einer Gabel zerdrücken und mit Mayonnaise und Petersilie mischen. Auf die Eiermasse geben. Kaviar, den Rest der Zwiebel und den Zitronensaft mischen und auf die Eiermasse geben, dann mit der Sahne übergießen und vor dem Servieren kurz ins Gefrierfach stellen.

Eierpalette

4 hartgekochte Eier
50 g Schinken
1 EL Ketchup
1 EL Mayonnaise

Die Dotter von vier hartgekochten, halbierten Eiern durch ein Sieb streichen und mit Schinkenwürfeln, Ketchup und Mayonnaise vermischen. Die Eihälften damit füllen.

Eier mit grüner Soße

2 hartgekochte Eier
1 Becher Joghurt
2 EL gemischte Kräuter
einige Tropfen Zitronensaft
Salz, Pfeffer

Die gekochten Eier halbieren. Eine Eihälfte mit der Gabel fein zerdrücken, die restlichen drei Eihälften auf eine kleine Platte legen. Joghurt mit Kräutern, Salz und Zitronensaft vermischen, abschmecken und zu den Eiern anrichten.

Spargel-Vorspeise mit Schinken und Ei

750 g frischer Spargel
Salz
1 Prise Zucker
200 g Lachsschinken in dünnen Scheiben
4 EL Weißweinessig
1 TL französischer Kräutersenf
Salz, Pfeffer
1 Prise Zucker
1 Schalotte
1/2 Bund glatte Petersilie
1/2 Bund Dill
1 Bund Schnittlauch
knapp 1/8 l geschmacksneutrales Öl
2 hartgekochte Eier
Salatblätter zum Anrichten

Spargel sorgfältig schälen, die Stangen mit Küchengarn zusammenbinden und in Salzwasser mit einer Prise Zucker garen. Essig mit Senf, Salz, Pfeffer und Zucker verrühren. Schalotte schälen, Kräuter waschen. Alles fein hacken und unter die Marinade mischen. Das Öl mit einem Schneebesen unterschlagen. Eier schälen und hacken. Ebenfalls unter die Marinade rühren.
Abgetropfte Spargelstangen etwas abkühlen lassen. Eine Platte mit den gewaschenen und trockengetupften Salatblättern auslegen. Spargelstangen und Schinkenscheiben darauf anrichten. Marinade darübergießen oder gesondert reichen.
Dazu schmeckt Toast mit Butter.
Als Getränk paßt am besten ein leichter, trockener Weißwein.

Bouillon mit Markklößchen

100 g rohes Rindermark
1 Ei
1 EL gehackte Petersilie
Salz, Pfeffer
geriebene Muskatnuß
60 g Semmelbrösel
1 l Fleischbrühe

Rindermark im Wasserbad etwas erwärmen. Mit dem Mixer schaumig schlagen. Ei, Petersilie und Gewürze untermischen und mit den Semmelbröseln verkneten.
Teig 15 Minuten ruhen lassen.
Mit zwei Teelöffeln nußgroße Klößchen abstechen und in die kochende Brühe geben.
Zehn Minuten köcheln lassen.
Suppe auf vier Tassen verteilen und servieren.

Tip

Am besten kochen Sie erst ein Probeklößchen, um die Konsistenz des Teiges zu prüfen. Sollte das Klößchen zerfallen, ist der Teig zu weich. In diesem Fall mischen Sie Semmelbrösel darunter.

Hasse ma n' Ei, eh?
puth
Bettel-ei

Italienische Salatplatte

1 kleiner Blumenkohl
2 Mohrrüben
Salz
2 frische Pellkartoffeln
1 Bund Radieschen
je 1 Tasse gegarte grüne Bohnen grüne Erbsen und Champignons
8 EL Olivenöl
4 EL heller Weinessig
1 EL milder Senf
2 hartgekochte Eier
1 - 2 Knoblauchzehen
1 kleine Zwiebel
1 TL italienische Salatkräuter
1 Prise Zucker
Salz, Pfeffer
8 schwarze Oliven
4 Sardellenfilets

Blumenkohl in Röschen, Mohrrüben in Scheiben teilen. Beides in Salzwasser zehn bis fünfzehn Minuten knackig garen, abtropfen lassen.
Pellkartoffeln und geputzte Radieschen in dünne Scheiben schneiden und das Gemüse auf einer Platte anrichten.
Öl mit Essig, Senf, einem zerdrücktem Ei, geriebenem Knoblauch und der gehackten Zwiebel sowie Salatkräutern, Zucker, Salz und frisch gemahlenem Pfeffer verrühren. Salatsoße über das Gemüse träufeln. Salatplatte mit Sardellenfilets, Ei- und Olivenscheiben garnieren.
Als Vorspeise mit gerösteten Weißbrotscheiben, die mit einer Knoblauchzehe eingerieben sind, oder als Teil eines kalten Büfetts servieren.

Bratensalat

5 Heringsfilets
250 g Bratenfleisch
100 g Schinken
1 Apfel
200 g gedünstete rote Bete
3 hartgekochte, kleingewürfelte Eier
1 Gewürzgurke
1 kleine Zwiebel
1 TL Kapern
Salatmayonnaise
etwas Tomatenketchup
Dillgewürz

Alle Zutaten zu kleinen Streifchen schneiden.
Aus Salatmayonnaise, Tomatenketchup, Kapern und Dill eine Soße rühren, mit den anderen Zutaten vermischen und den Salat gut durchziehen lassen, bevor er mit Ei und Gurkenscheiben angerichtet wird.

Bunter Eiersalat

1 Kopfsalat
1 Stück Salatgurke
8 hartgekochte Eier
2 Bund Radieschen
1 Pck. Kresse
Soße:
4 EL Öl
1/2 Zitrone
1 gehackte Zwiebel
Salz, Pfeffer

Salat waschen und in mundgerechte Stücke teilen. Salatgurke in Scheiben schneiden.
Eier schälen und in Achtel schneiden. Radieschen halbieren.
Salat mit Kresse in Cocktailgläser schichten. Soßenzutaten verrühren und darübergießen.

Kräutercreme mit Ei

375 g gemischte Kräuter
80 g gekochter Schinken
4 Eier
2 l Wasser
Salz
4 - 6 EL Estragonessig
70 g Butter
4 Eigelb
1/4 l Sahne
3/4 l Hühnerbrühe
weißer Pfeffer

Kräuter grob hacken. Schinken in Streifen schneiden. Wasser mit Essig und Salz zum Kochen bringen. Die Eier einzeln in eine Suppenkelle aufschlagen und nacheinander vorsichtig in den Sud gleiten lassen.
Das Eiweiß mit einem Löffel über das Eigelb heben und in drei bis vier Minuten stocken lassen. Dann herausnehmen.
Schinken und 30 g Butter anbraten, Kräuter zufügen und zwei Minuten erhitzen. Brühe angießen.
Eigelbe mit Sahne verschlagen, in die heiße, nicht kochende Suppe rühren, bis diese cremig wird.
Vom Herd ziehen und die restliche Butter unterschlagen.
Die Suppe mit Pfeffer abschmecken und auf Teller verteilen. Je ein Ei hineingeben.

Russische Eier

8 hartgekochte Eier
4 EL Mayonnaise
4 EL Sauerrahm
4 EL Magermilch-Joghurt
2 EL gehackte Senfgurke
1 EL gehackte Petersilie
2 TL Kapern
1 Prise Zucker
Salz, weißer Pfeffer
4 TL Kaviar
Salatblätter

Die Mayonnaise mit Sauerrahm, Magermilch-Joghurt, Senfgurke, Petersilie und Kapern verrühren.
Mit Zucker, Salz und weißem Pfeffer abschmecken.
30 Minuten im Kühlschrank zugedeckt kalt stellen.
Eine flache Schüssel mit Salatblättern auslegen.
Die Creme darauffüllen und die geschälten, halbierten Eier darauf anrichten.
Mit dem Kaviar garnieren.

Alexander-Eier

3 - 4 hartgekochte Eier
Quark
Butter
Salz
Senf
Worcestersoße
Mayonnaise
Kapern
Lachsstückchen
Kaviar
Sardellenfilets

Die hartgekochten Eier schälen und halbieren. Eigelb entfernen, kleinhacken und mit Quark, etwas cremig verrührter Butter, Salz, Senf, und Worcestersoße vermischen.
Nun die Eihälften damit füllen, etwas Mayonnaise darüber geben und mit Kapern, Lachsstückchen, Kaviar und Sardellenstreifen verzieren.

Eiersalat

2 hartgekochte Eier
1 Bund Radieschen
1 TL feingeschnittener Schnittlauch
einige Salatblätter
einige Champignons
Salz, Pfeffer
Zitronensaft
2 EL Sauerrahm

Eier schälen und in Achtel schneiden. Eine kleine Schüssel mit Salatblättern auslegen und mit kleingeschnittenen Radieschen, Eiachteln, rohen, feinblättrig geschnittenen Champignons füllen.
Mit Schnittlauch, Salz, Pfeffer bestreuen, mit Zitronensaft beträufeln und mit etwas Sauerrahm überziehen.

Endiviensalat mit Pilzen und Eiern

1 Kopf Endiviensalat
1 kleines Glas Pfifferlinge
4 hartgekochte Eier
1 Zwiebel
2 EL Kräuteressig
Salz, schwarzer Pfeffer
1 Knoblauchzehe
4 EL Öl

Salat putzen und in schmale Streifen schneiden. Kurz in kaltem Wasser waschen, gut abtropfen lassen.
Pfifferlinge abtropfen, Eier schälen und in Viertel schneiden. Zwiebel in Ringe teilen.
Alles auf einer Platte oder in einer Schüssel anrichten und mit einer Marinade aus Essig, Salz, Pfeffer, zerdrückter Knoblauchzehe und Öl übergießen. Nun vorsichtig mischen. Dieser Salat kann als Grundlage für weitere Varianten dienen: Pfifferlinge durch Champignons (frisch oder konserviert) ersetzten, zusätzlich Wildfleisch beifügen oder statt Pilzen und Wild Matjesstreifen verwenden.

Vielweiber-ei

Eier Mimosa

4 hartgekochte Eier
120 g gehackte Krabben
120 g Mayonnaise
Kresse

Eier halbieren. Das Eigelb entfernen und durch ein Sieb geben. Einen Teelöffel beiseite stellen. Den Rest Eigelb mit Krabben und zwei Drittel der Mayonnaise mischen und in die Eiweißhälften geben. Den Rest Mayonnaise mit wenig Wasser verdünnen und die Eiweißhälften damit vollständig abdekken. Zurückgelegtes Eigelb über die Hälften sprenkeln und mit Kresse garnieren.

Eier-Pilz-Salat

400 g Anisegerlinge oder Champignons
100 g Edamer
1 säuerlicher Apfel
2 - 3 EL Salatmayonnaise
1/8 l Sauerrahm
1 EL gehackte Petersilie
Salz, frisch gemahlener weißer Pfeffer
1 TL Zitronensaft
2 hartgekochte Eier

Salzwasser mit Zitronensaft zum Kochen bringen. Gesäuberte, in Scheiben geschnittene Pilze hineingeben und in etwa 20 Minuten garen. Käse in Streifen, den geschälten, entkernten Apfel in Scheiben schneiden und beides mit den erkalteten Pilzen mischen. Salzen und pfeffern. Mayonnaise mit Sahne vermengen, über den Salat gießen.

Mit gehackter Petersilie und Eischeiben garnieren. Vor dem Servieren 30 Minuten kühlen.
Den Pilzsalat mit Weißbrot oder Toast servieren.

Eier mit Knoblauch-Tomaten-Soße

4 Eier
4 Knoblauchzehen mit Schale
1 EL Weißweinessig
1 EL Olivenöl
200 g Creme fraîche
frisch gemahlener Pfeffer
2 EL Kapern
1 kleingehackte Tomate

Die Eier mit ungeschälten Knoblauchzehen hartkochen und abschrecken. Knoblauch schälen und mit einer Gabel zerdrücken.
Mit zerdrückter Tomate, Essig, Öl, Creme fraîche und Pfeffer zu einer Creme verrühren.
Gepellte Eier längs halbieren, mit Creme bestreichen und mit Kapern garnieren.

Matjessalat mit rohem Eigelb

6 Matjesfilets
3 große Streifen Senfgurke
1 Essiggurke
1 kleines Glas Krabben
1 kleine Dose Champignons
2 Tomaten
1/2 Tasse Silberzwiebeln
etwas Kaviar zum Verzieren
3 EL Öl
4 EL Essig
1 EL Dill
Zucker
Salbei
1 - 2 rohe Eier

Matjesfilets, Gurken und Tomaten klein schneiden, Champignons halbieren und alles mit Krabben und Perlzwiebeln vermischen. Eine Salatsoße aus Essig, Öl, Zukker, Salbei und Dill rühren. Eigelb roh auf den Salat setzen, die Marinade darübergeben und alles erst kurz vor dem Servieren durchmischen. Jede Portion mit etwas Kaviar verzieren.

Bunte Eierplatte

10 hartgekochte Eier
Salz
Schlagsahne
2 EL feingehackte Kräuter
1 EL Tomatenmark
1 Scheibe Schinken
Curry

Eier halbieren, das Eigelb herauslösen und mit Sahne und Salz schau-

mig rühren. Ein Drittel davon mit Kräutern vermischt in die Eihälften zurückfüllen, das zweite Drittel mit Tomatenmark abschmecken und mit feingewiegtem Schinken vermischt in die Eiweißhälften füllen, drittens noch den mit Curry gewürzten Rest in die Eihälften füllen.
Alle Eihälften auf Salatblättern anrichten.

Eiersalat Alt-Berlin

300 g saftiges, gekochtes Rindfleisch
6 hartgekochte Eier
2 große Gewürzgurken
150 g Mayonnaise
Salz, Pfeffer
1 EL geriebener Meerrettich
einige grüne Salatblätter und Radieschen

Das Rindfleisch in dünne Scheiben, die Eier in Achtel und die Gewürzgurken in Würfel schneiden, alles mit der pikant abgeschmeckten Mayonnaise vorsichtig vermengen, auf Salatblättern anrichten und mit Radieschen oder Tomatenachteln garnieren.

Gefüllte Eier

6 Eier
3 Sardellenfilets
60 g Thunfisch in Olivenöl
1/2 TL scharfer Senf
2 EL Mayonnaise

Eier hartkochen und abschrecken. Dann schälen, der Länge nach halbieren und das Eigelb herausnehmen.
Eigelb, Thunfisch und Sardellen pürieren und mit Mayonnaise und Senf vermengen, so daß eine Paste entsteht. Diese dann in die Eierhälften zurückfüllen.

Eiersalat mit Krabben

200 g gekochte Erbsen
100 g Krabben
6 hartgekochte Eier
100 g Räucherfisch
4 EL Mayonnaise
5 EL Sauerrahm
1 EL Zitronensaft
1 EL gehackter Schnittlauch
Salz, weißer Pfeffer
1 Tomate
Petersilie

Geschälte Eier in Scheiben, Räucherfisch in Streifen schneiden. Beides mit den Krabben und den Erbsen vorsichtig mischen.
Mayonnaise mit Sauerrahm, Zitronensaft, Schnittlauch, Salz und weißem Pfeffer verrühren.
Die Soße über den Salat gießen. Locker unterheben und den Salat 15 Minuten ziehen lassen.
Mit geviertelter Tomate und Petersilie garnieren.

Curryeier

6 hartgekochte Eier
3 EL Mayonnaise
1 EL Cognac
Salz
1 TL Currypulver
6 Cocktailkirschen

Eier halbieren und die Eigelbe zerdrücken. Mit Mayonnaise, Cognac, Salz und Currypulver mischen.
Die Masse wieder in die Eihälften füllen und jede Hälfte mit einer halben Cocktailkirsche garnieren.
Variationsmöglichkeiten:
Verrühren Sie die zerdrückten Eigelbe mit zwei Eßlöffeln Mayonnaise, einem Teelöffel scharfem Senf, einem halben Teelöffel Currypulver und einem Teelöffel Sauerrahm. Würzen Sie mit einer Messerspitze Ingwerpulver. Eier füllen und garnieren.

Dilleier

6 hartgekochte Eier
4 EL Mayonnaise
2 EL gehackter Dill
Salz, Pfeffer

Eier halbieren. Dotter zerdrücken, mit Mayonnaise, Dill, Salz und Pfeffer abschmecken. Die Masse in die Eihälften geben.

Ei-raten

Andalusischer Salat

1 Kopfsalat
1 große grüne Paprikaschote
3 Zwiebeln
3 Tomaten
3 hartgekochte Eier
1 kleines Glas gefüllte Oliven
3 EL Sherry- oder Kräuteressig
Salz, schwarzer Pfeffer
2 Knoblauchzehen
4 EL Olivenöl
1/2 Bund Petersilie

Salat putzen, waschen, leicht zerpflücken und sehr gut abtropfen lassen.
Geschälte Zwiebeln und geputzte Paprikaschote in hauchdünne Ringe schneiden. Tomaten häuten, entkernen und zusammen mit den geschälten Eiern in Scheiben schneiden. Abgetropfte Oliven halbieren.
Alle Zutaten, mit Ausnahme des Kopfsalats, in eine Schüssel geben.

Salz im Essig verrühren, bis es sich gelöst hat.
Mit Pfeffer und zerdrücktem Knoblauch würzen und nach und nach das Öl dazugeben. Mit gehackter Petersilie gemischt über den Salat gießen, wenden und den Kopfsalat unterheben. Sofort servieren.

Mimosensalat

1 säuerlicher Apfel
1 Orange
1 Banane
1/4 Ananas (oder 2 Scheiben Ananas aus der Dose)
2 hartgekochte Eier
1 EL Mayonnaise
1/8 l Schlagsahne

Apfel schälen, achteln, entkernen und in Stücke schneiden. Orange schälen, dabei alle weißen Häutchen entfernen. In Spalten und dann in Stücke teilen. Geschälte Banane in Scheiben, Ananas in Stücke schneiden. Eier schälen und grob hacken. Sahne steif schlagen, mit der Mayonnaise und den Eiern mischen. Vorsichtig unter das Obst ziehen.
30 Minuten kühl stellen. Mit dünnen Vollkornbrotscheiben und Butter servieren.

Tip

Der Salat schmeckt auch köstlich, wenn Sie 150 g gekochtes Hühnerfleisch, 150 g rohen, gewürfelten Schinken oder Krabben daruntermischen.

Klare Fleischsuppe mit Ei in Tassen

2 Würfel klare Fleischsuppe (reicht für 5 Tassen)
pro Tasse 1 Eigelb

Natürlich ist dieses Rezept auch leicht für eine Person auszuführen. Einen Würfel klare Fleischsuppe Teilen, in ein viertel Liter Wasser aufkochen lassen. In einen Teller oder eine Tasse geben, ein Eigelb vorsichtig dazutun und ohne umzurühren reichen.

Bouillon mit Häubchen

1/2 Paket tiefgekühlter Blätterteig
Für den Eierstich:
1/8 l Milch
2 Eigelb
1 Ei
1/2 Bund glatte Petersilie
Salz
geriebene Muskatnuß
1 Priese Cayennepfeffer
Fett für die Förmchen
3/4 l Fleischbrühe
2 Eigelb
1/2 Bund Petersilie

Blätterteigplatten auftauen lassen. Für den Eierstich Milch mit Eigelb, Ei, gewaschener und gehackter Petersilie sowie den Gewürzen gut verschlagen (am besten mit dem Schneebesen). Kleine, feuerfeste Förmchen einfetten, die Eiermasse einfüllen und im Wasserbad stokken lassen. Aus den Förmchen

stürzen und mit einem scharfen Messer in Würfel schneiden. Fleischbrühe erhitzen, Eierstich hinengeben und kurz ziehen lassen.
Dann die Suppe auf vier feuerfeste Suppentassen verteilen und mit der gewaschenen und gehackten Petersilie bestreuen.
Blätterteigplatten ca. 3 mm dick ausrollen und Kreise ausstechen, deren Durchmesser etwas größer sein sollte als der der Suppentassen. Ränder der Tassen außen mit Eigelb bestreichen, die Teigdeckel auflegen und am Rand festdrükken.
Tassen in den vorgeheizten Backofen auf die mittlere Schiene stellen und bei 220 °C (Gas: Stufe 4) etwa zehn Minuten überbakken bis der Teig goldbraun wird.

Tip

Der Teigdeckel muß mindestens 2 cm größer sein als die Tassen, da der Blätterteig sich beim Backen etwas zusammenzieht und der Deckel sich dann lösen könnte.

puth
Liebel-Ei

Friede, Freude, Eierkuchen

Pfannkuchen & Omeletts

Allgäuer Omelett

75 g roher Schinken
1 kleine Zwiebel
15 g Butter oder Margarine
100 g Allgäuer Emmentaler
1 Fleischtomate
80 g Butter oder Margarine
Salz, schwarzer Pfeffer
einige Blättchen Basilikum
3 EL Milch
2 TL Speisestärke
8 Eier
Salz, Pfeffer
1/2 Bund Schnittlauch
Kresse

Schinken würfeln, Zwiebel schälen und fein hacken. Beides in der erhitzten Butter oder Margarine andünsten. Abkühlen lassen. Allgäuer Emmentaler reiben. Tomate mit kochendem Wasser übergießen, häuten und in kleine Würfel schneiden. Dabei Stengelansatz und Kerne entfernen. Einen Eßlöffel Butter oder Margarine erhitzen, Tomaten darin andünsten. Mit Salz und schwarzem Pfeffer würzen. Basilikum hacken und daruntermischen. Warm stellen. Eier trennen. Eigelb mit Milch und der Speisestärke verquirlen, salzen und pfeffern. Schinken-Zwiebel-Gemisch sowie den geriebenen Käse untermischen. Eiweiß zu steifem Schnee schlagen und unter die Eiercreme heben (nicht rühren!). Etwas Butter oder Margarine in einer Pfanne schmelzen lassen, aus dem Teig nacheinander vier Omeletts backen.
Jedes Omelett mit etwas Tomatengemüse füllen, von beiden Seiten her zur Mitte klappen und mit gehacktem Schnittlauch sowie Kresseblättchen bestreut servieren. Beilage: Grüner Salat mit Knoblauch-Kräuter-Dressing.

Käseomelett

2 Eier
1 EL Mehl
1 EL Milch
100 g Käse

Den Käse in Streifen schneiden und alles gut mischen. In einer heißen Pfanne backen.

Pilzomelett

1 Portion

125 g Steinpilze
1 EL Butter
1 EL gehackte Zwiebeln
1 EL Schlagsahne
1 EL gehackte Petersilie
3 Eier
Salz, Pfeffer
30 g Butter
5 g Speisestärke

Geputzte Steinpilze in feine Scheiben schneiden. Einen Eßlöffel Butter erhitzen, Zwiebel darin glasig dünsten. Pilze zugeben, salzen und pfeffern. In etwa 15 Minuten bei schwacher Hitze garen. Mit Sahne und Petersilie abschmecken und warm halten.
Eier trennen, Eigelbe mit Salz und Pfeffer verquirlen. Steif geschlagenes Eiweiß unterheben. Restliche Butter in einer Pfanne zerlassen. Omelettmasse hineingeben und die Pfanne zudecken. Bei schwacher Hitze von einer Seite goldgelb backen.
Auf einen vorgewärmten Teller gleiten lassen, mit den Pilzen füllen und sofort servieren.

Eierschaumomelett

2 Eier
2 TL Mehl
2 EL Wasser

Eier trennen, Eigelb mit Mehl und Wasser schaumig rühren. Eiweiß steif schlagen, auf das Eigelb geben und das Ganze locker untereinanderheben. Den Boden einer Pfanne mit etwas Salz bedecken und stark erhitzen, das Salz herausschütten, einen Stich Butter hineingeben und zerlaufen lassen.
Die Eischaummasse einfüllen und bei mäßiger Hitze von unten stocken lassen. Danach die Pfanne in den heißen Backofen oder unter den Grill schieben und das Omelett kurz von oben bräunen. In der Mitte das Omelett mit einem Schnitt teilen, mit Füllung belegen und zugeklappt servieren.

Tip

Füllungsvorschläge
Füllung süß:
Konfitüre, gezuckertes Obst, Apfelkompott, Honig, Sirup
Füllung salzig:
angebratenes Hackfleisch, feingehackter Schinken, Krabben, gedünstete Champignons oder Pilze, Tomatenscheiben, Käse, Kräuter, Bratenreste

Zwiebelomelett

4 mittelgroße Zwiebeln
80 g Butter oder Margarine
8 Eier
Salz, Pfeffer

Zwiebeln schälen und in Scheiben schneiden. 30 g Butter oder Margarine erhitzen und die Zwiebeln darin weichdünsten. Zur Seite stellen.
Eier trennen. Eigelb mit Salz und Pfeffer verquirlen. Eiweiß zu steifem Schnee schlagen und vorsichtig unter das Eigelb heben. Nacheinander das Fett in einer Pfanne erhitzen und eine Portion der Eiermasse darin ca. fünf Minuten stocken lassen.
Ein Viertel der gedünsteten Zwiebeln auf dem Omelett verteilen und dieses zur Hälfte überschlagen. Sofort servieren.

Pilzpfannkuchen

8 Eier
6 EL Milch
Salz
2 EL Mehl
80 g Butter
1 kleine Zwiebel
300 g gemischte Pilze
100 g gekochter Schinken
1 EL gehackte Petersilie

Pilze sorgfältig putzen, in Scheiben schneiden. Gehackte Zwiebel in Butter andünsten, Pilze zugeben, salzen und bei schwacher Hitze etwa 15 Minuten garen.
Gewürfelten Schinken und die Petersilie untermischen. Mehl mit Eiern, Milch und Salz verrühren und in reichlich Fett vier dünne Eierkuchen backen. Je eine Hälfte des fertigen Eierkuchens mit der Pilzfüllung belegen, die andere Hälfte darüberklappen.
Warm stellen, bis alle Eierkuchen gebacken sind.
Zu den Pilzpfannkuchen schmeckt gemischter Salat in Kräutermarinade.

Käsepfannkuchen

3 Eier
1 Prise Salz
1/2 l Milch
250 g Mehl
150 g mittelalter Gouda
Butter zum Braten
Rübenkraut zum Bestreichen

Eier mit Salz und Milch verquirlen. Das Mehl daraufsieben und mit einem Schneebesen gut unterrühren. Den Teig einige Minuten quellen lassen.
Während dieser Zeit den Käse in hauchdünne, 2 cm große Plättchen schneiden.
Nach und nach etwas Butter in einer Pfanne erhitzen, etwas Teig hineingeben und glattstreichen. Dicht mit Käseplättchen belegen und goldgelb backen.
Nun die Pfannkuchen für ein paar Sekunden auf die mit Käse belegte Seite drehen und auch backen. Achtung, der Käse brennt leicht an.
Die Pfannkuchen mit der Käseseite nach oben auf einen Teller gleiten lassen.
Mit Rübenkraut bestreichen und zusammenrollen. Warm stellen, bis alle gebacken sind.

Omelett mit Leber

250 g Kalbsleber
Bratfett
1 Schalotte
125 g Champignons
1 Bund glatte Petersilie
Salz, Pfeffer
knapp 1/8 l Schlagsahne
3 EL trockener Sherry
1 Prise Zucker
8 Eier
6 EL Wasser
Salz
1 Prise geriebene Muskatnuß
Bratfett

Leber in Stücke schneiden und im erhitzten Fett braten. Aus der Pfanne nehmen und warm stellen. Schalotte schälen, hacken und im Bratfett andünsten. Geputzte, blättrig geschnittene Champignons und gehackte Petersilie zugeben. Unter Rühren durchschmoren, bis alle Flüssigkeit verdampft ist. Mit Salz und Pfeffer würzen, mit der Sahne ablöschen.
Leber zugeben und das Ragout mit Sherry und Zucker abschmecken. Warm stellen.

Die Eier mit Wasser, Salz und Muskatnuß verquirlen. Im heißen Fett nacheinander vier Omeletts ausbacken. Die Omeletts mit dem Leber-Pilz-Ragout füllen und auf vorgewärmten Tellern sofort servieren. Dazu: Kopfsalat in Kräuter-Vinaigrette.

Fleischomeletts

250 g Mehl
3 Eier
1/2 l Milch
Salz, Pfeffer
Backfett
Füllung:
500 g Kalbsschulter
1 EL Mehl
1/4 l klare Fleischbrühe
1/8 l Spargelwasser
1 TL Salz
1/2 TL Pfeffer
Muskat
1 Tasse Erbsen
1 kleine Dose Spargelabschnitte
1 kleine Dose Champignons
2 EL Schlagsahne
1 Eigelb

Mehl und Eier verrühren, Milch, Salz, Pfeffer zugeben. Vier Omeletts backen.
Füllung:
Feingehackte Zwiebel in Margarine andünsten, gewürfeltes Kalbfleisch zugeben, zehn Minuten anrösten, mit Mehl bestäuben. Fleischbrühe, Spargelwasser und Gewürze zugeben, 30 Minuten schmoren lassen.
Gemüse einlegen, noch weitere zehn Minuten schmoren und Sahne und Eigelb darunterrühren. Die Omeletts damit füllen.

Nepphuhn

Flambierten von Crêpes

3 EL Grießzucker (etwa 100 g)
6 Würfelzucker
an Orangen abgerieben
6 Würfelzucker
an Zitronen abgerieben
10 Butterröllchen (etwa 50 g)
Saft von 2 - 3 Orangen
Saft von 1 Zitrone
1 Glas Grand Marnier (etwa 50 g)
1 Likörglas Kirsch (etwa 25 g)
1 Likörglas Weinbrand

Den Grießzucker in der heißen Flambierpfanne schmelzen. (Vorsicht: er darf nicht braun werden!) Die Butter beifügen und schaumig rühren. Nun nacheinander den Orangen- und Zitronensaft sowie den Würfelzucker in die Pfanne geben. Diesen mit wenig Kirsch übergießen und mit der Gabel zerdrücken. Den Jus sämig einkochen und den Grand Marnier beifügen. Die Crêpes zweimal falten, in der Flambierpfanne schön aneinanderreihen und mit dem Jus übergießen.
Nun die Crêpes mit etwas Zucker bestreuen, den restlichen Kirsch und den Weinbrand darübergießen und flambieren. Der Anblick der blauen Flämmchen entfacht immer wieder das Entzücken der Tafelrunde.

Die Crêpes in einem heißen Teller servieren. Ihre Gäste werden des Lobes voll sein, wenn Sie noch eine Tasse heißen Mokka dazu anbieten.

Tip

Unser Geheimtip: Probieren Sie zuerst einmal alles ohne Gäste aus.

Pfannkuchen Wittgenstein

Für die Soße:
1/4 l frisch gepreßter Orangensaft
2 EL Zucker
4 cl Cointreau
4 Äpfel
Saft von 1 Zitrone
für den Teig:
250 g Mehl
1/2 l Milch
4 Eier
2 EL Zucker
Salz
Fett zum Backen

Orangensaft mit dem Zucker möglichst dickflüssig einkochen, anschließend warm stellen. Die geschälten und geachtelten Äpfel in kleine Stücke schneiden und mit dem Zitronensaft beträufeln.
Aus Mehl, Eiern, Milch, Zucker und Salz einen Teig bereiten, Teig in die heiße Pfanne geben, Apfelstücke darüber teilen und den Pfannkuchen von beiden Seiten goldbraun backen. Heiße Orangensoße mit Alkohol vermischen und darübergießen.

Orangenpfannkuchen mit Mandeln

2 Eier
1/4 Tasse Öl
250 g Weizenvollkornmehl
1/2 TL Backpulver oder Natron
1/2 TL Salz
1 - 2 Tassen Orangensaft mit Fruchtfleisch
50 g gehackte Mandeln
Honig

Alle Zutaten (außer Mandeln und Honig) in der angegebenen Reihenfolge miteinander verrühren. Zehn Minuten quellen lassen. Kleine Pfannkuchen von ca. 10 cm Durchmesser in wenig Öl backen. Sofort mit Honig bestreichen, mit gehackten Mandeln bestreuen und heiß servieren.

Crêpes suzette

100 g Mehl
3 - 4 EL Zucker
2 Eier
1/8 l Milch
4 EL Schlagsahne
3 Glas (je 2 cl) Cointreau oder Grand Marnier
125 g Butter
8 TL Zucker
1 große Zitrone
3 Orangen
2 Glas (je 2 cl) Himbeergeist
Cognac oder Rum

Mehl mit zwei Eßlöffeln Zucker, Eiern, Milch, Sahne und ein Glas Cointreau verrühren. 30 g geschmolzene, abgekühlte Butter einrühren und in etwas heißer Butter nacheinander hauchdünne Pfannkuchen backen.
Zuckerwürfel an Zitronen- und Orangenschale reiben, bis sie das Aroma angenommen haben. Früchte dann auspressen, Saft mit Zuckerwürfeln, restlichem Zucker und Butter etwas einkochen lassen. Cointreau zufügen und die Crêpes darin kurz ziehen lassen. Aufrollen oder zusammenfalten. Alkohol erwärmen, darübergießen, anzünden und die Crêpes nach dem Ausbrennen servieren.

Mirabellen-Schmarren

500 g Mirabellen
200 g Mehl
100 g Haferflocken
1/2 l Milch
1/2 TL Salz
4 Eier
Butterschmalz zum Backen
Puderzucker zum Bestäuben

Mirabellen waschen, halbieren und entsteinen. Mehl mit Haferflocken mischen und mit der Milch verquirlen. Salz und Eier unterrühren. Teig 30 Minuten quellen lassen, dann die Mirabellen untermischen. Butterschmalz erhitzen, etwas Teig in die Pfanne geben und auf beiden Seiten goldgelb backen. Mit einer Gabel in Stücke reißen und knusprig backen.
Mirabellen-Schmarren mit Puderzucker bestreut servieren.

Überraschungsomelett

2 Eier
75 g Zucker
1 Pck. Vanillinzucker
1 Msp. abgeriebene Zitronenschale
50 g Mehl
25 g Speisestärke
1 Msp. Backpulver
Pfirsichschaum:
1/2 Dose (580 g) Pfirsiche
250 g Magerquark
2 Eier
50 g Puderzucker
Saft von 1/2 Zitrone
3 Blatt weiße Gelatine
Puderzucker zum Bestäuben

Eigelb mit zwei Eßlöffeln Wasser, Zucker, Vanillinzucker und Zitronenschale cremig rühren. Eiweiß steif schlagen. Eischnee auf die Eigelbcreme geben, Mehl mit Speisestärke und Backpulver gemischt darübersieben. Alles locker vermischen.
Teig auf mit Backpapier belegtem Backblech zu vier runden Omeletts ausstreichen. Im Backofen 220 °C (Gas: Stufe 4) zwölf bis fünfzehn Minuten goldgelb backen.
Danach sofort auf ein Küchentuch stürzen, Omeletts zur Hälfte übereinanderklappen, auskühlen lassen.

Pfirsichschaum: Pfirsiche gut abtropfen lassen, in kleine Würfel schneiden. Quark mit Eigelb, der Hälfte Puderzucker und Zitronensaft cremig rühren. Eingeweichte Gelatine in drei Eßlöffeln heißem Pfirsichsaft auflösen und unter den Quark rühren. Pfirsichstückchen untermischen. Eiweiß steif schlagen, übrigen Puderzucker unterschlagen. Beginnt die Quarkcreme zu stocken, Eischnee unterheben. Ausgekühlte Omeletts mit Pfirsichschaum füllen und dick mit Puderzucker bestäuben.

Kaiserschmarren

250 g Mehl
1 Prise Salz
6 Eier
1/2 l Milch
6 EL Butter
80 g Rosinen
Puderzucker zum Bestäuben

Mehl mit Salz, Eigelben und Milch zu einem flüssigen, glatten Teig verrühren. Eiweiß steif schlagen und locker unterheben.
Die Rosinen waschen und in einem Tuch trockenreiben. Nach und nach etwas Butter in einer Pfanne erhitzen und portionsweise den Teig hineingeben.
Mit Rosinen bestreuen und auf der Unterseite goldbraun braten.
Mit zwei Gabeln auseinanderziehen und die Stücke noch kurz nachbacken lassen. Auf vorgewärmte Teller geben und dick mit Puderzucker überstäuben.
Der Puderzucker kann mit Vanillinzucker oder Zimt gemischt werden. Mit Kirschen-, Pflaumen- oder Aprikosenkompott servieren.

Völler-ei

Crêpes mit Pflaumen und Slibowitzhäubchen

4 - 6 Portionen

1 Ei
100 ml Milch
75 g Mehl
1 TL Butter
Für die Füllung:
50 g Rosinen
10 EL Slibowitz
50 g gehackte Mandeln
8 Pflaumen
2 säuerliche Äpfel
50 g Butter
60 g Zucker
200 ml Schlagsahne
Puderzucker zum Bestäuben
Zitronenmelisse zum Garnieren

Das Ei mit Milch und Mehl glatt rühren. In einer mit Butter ausgepinselten Pfanne (20 cm) vier bis sechs Crêpes ausbacken und kaltstellen.
Die Mandeln in einer Pfanne goldgelb rösten. Währenddessen die Rosinen mit dem Slibowitz marinieren. Die Pflaumen waschen und vierteln. Die Äpfel schälen und in Scheiben schneiden. Die Pfannkuchen bei 50 °C im Ofen erwärmen.
Die Apfelscheiben in zerlassener Butter anbraten und die Mandeln, den restlichen Slibowitz und den Zucker dazugeben. Den Topf vom Herd nehmen. Sahne mit restlichem Slibowitz steif schlagen und kaltstellen.
Die Pflaumen in die Apfel-Slibowitz-Mischung geben und kurz aufkochen. Die Crêpes damit füllen. Die Teller mit Puderzucker bestäuben.
Die kalte Sahne auf den Tellern anrichten und mit Zitronenmelisse garnieren.

Crêpes mit Kiwikompott

10 Kiwis
8 EL Limettensaft
6 EL Grenadine (Granatapfelsirup)
1 TL Speisestärke
70 g Mehl
1/8 l Milch
1 EL Zucker
3 Eier
80 g Butter
1 EL Puderzucker
30 g Pinienkerne

Die Kiwis schälen und kleinschneiden. Den Limettensaft mit Grenadine, sechs Eßlöffeln Wasser und der Speisestärke verrühren und aufkochen lassen. Die Kiwis dazu geben und zur Seite stellen.
Das Mehl mit der Milch, dem Zucker und den Eiern zu einer glatten Masse verrühren. Nacheinander in einer Pfanne mit jeweils 10 g Butter acht dünne Pfannkuchen ausbacken und warm halten. Die Crêpes zweimal zusammenfalten und mit dem Kompott auf Tellern anrichten. Mit Puderzucker bestäuben. Die Pinienkerne in einer trockenen Pfanne anrösten und darüberstreuen.

Englisches Omelett

4 Eigelb
7 Eiweiße
30 g Zucker
2 TL Mehl
1 EL Schlagsahne
1 TL Butter
1 TL abgeriebene Zitronenschale
Orangenmarmelade
Vanillezucker
80 g Butter

Die Eigelbe werden mit Zucker schaumig geschlagen und mit Mehl, Sahne, der zerlassenen Butter und mit der Zitronenschale vermengt. Eischnee unterziehen. In der Pfanne werden nun dünne Omeletts gebacken, die mit Orangenmarmelade gefüllt und mit Vanillezucker bestreut werden.

Blitzomelette für Eilige:
Eiweiß steif schlagen und alle Zutaten nacheinander zugeben.

Omelett mit Rum

2 Portionen

4 Eier
60 g Zucker
1 EL Rum
1 Eiweiß
10 g Zucker
2 EL Rum

Vier Eigelb, 30 g Zucker und einen Eßlöffel Rum schaumig rühren. Dann das Eiweiß der vier Eier und ein zusätzliches Eiweiß zu einem steifen Schnee schlagen und löffelweise 30 g Zucker dazugeben. Die Hälfte dieser Masse mit dem Schneebesen unter das Eigelb mischen, die andere Hälfte mit der Teigschaufel vorsichtig darunterziehen.
Eine Pfanne mit Butter auspinseln, den Teig hineingeben und etwa zehn Minuten backen. (Nicht ganz fertig backen!) In der Zwischenzeit die Brenner des Flambierrechauds anzünden und auf große Flamme einstellen.
Die mit Butter ausgeriebene Flambierpfanne leicht vorwärmen und das Omelett einmal gefaltet hineinlegen, mit dem Zucker bestreuen, den Rum darübergießen und flambieren. (In der Pfanne zurückbleibenden Rum immer wieder über das Omelett gießen, bis die Flamme erlöscht.)
Die „Omelette au Rhum" auf heißem Teller sofort servieren.

Angeber-Ei
puth.

Die große Eggstase

Für den großen Hunger

Putenrouladen mit Kräuterrührei

4 große Putenschnitzel
1 EL Kräutersenf
2 Eier
2 EL Kondensmilch oder Schlagsahne
2 EL gemischte Kräuter (Dill, Estragon, Sauerampfer, Pimpernelle) oder TK-8-Kräuter-Mischung
1 Prise Muskat und Salz
20 g Butter
4 dünne Scheiben Schinkenspeck
4 Blätter frischer Salbei
Salz
grob gemahlener Pfeffer
3 EL Pflanzenöl oder 2 EL Butterschmalz
1 Karotte
1 Zwiebel
1/4 l Hühnerbrühe
1 Pck. getrocknete Pfifferlinge

Die Putenschnitzel mit der Breitseite des Fleischbeils dünn klopfen. Schnitzel nebeneinander legen, dünn mit Senf bestreichen.
Eier, Kondensmilch, gehackte Kräuter, Muskat und Salz verquirlen. In einer Pfanne Butter erhitzen, die Eiermasse hineingießen und ein lockeres Rührei braten.
Das Rührei auf die Fleischscheiben geben, diese zusammenrollen.
Mit je einer Scheibe Schinkenspeck sowie einem Blatt Salbei umwickeln.
Rouladen mit Garn umbinden, mit Salz und Pfeffer rundum würzen.
Öl oder Butterschmalz in einer Kasserolle erhitzen, Rouladen darin ringsum braun anbraten.
Gewürfelte Karotte und Zwiebel zugeben, mit Hühnerbrühe aufgießen und die Rouladen zugedeckt 45 Minuten bei schwacher Hitze schmoren lassen. Die fertigen Rouladen warm stellen.
Den Bratfond durch ein Sieb gießen, eingeweichte Pfifferlinge zugeben und die Soße fünf Minuten köcheln lassen.
Falls nötig mit Salz und Pfeffer nachwürzen.
Die Rouladen auf einer Platte anrichten, mit Pilzsoße umgießen.
Dazu Butternudeln oder Spätzle und einen frischen Salat reichen.

Bauernfrühstück mit Quark

200 g durchwachsener Speck
3 Zwiebeln
500 g Kartoffeln (Reste)
5 Eier
1 Tasse Quark
1 TL Kümmel
3 EL Sauerrahm oder Joghurt

Kartoffeln in der Schale garen, pellen und über Nacht stehen lassen. Am folgenden Tag in dicke Scheiben teilen. Zwiebeln und Speck in kleine Würfel schneiden und in einer großen Pfanne anbraten (aber nicht stark rösten), Kartoffelscheiben hinzufügen und goldgelb braten. Eier mit Quark, Sahne oder Joghurt und Kümmel verquirlen und über die gebratenen Kartoffeln gießen und bei schwacher Hitze stocken lassen. Sofort auftragen, am besten gleich in der Pfanne.

Champignon-Rührei

1 Ei
1 Eiweiß
100 g Champignons
1 TL gehackte Petersilie
Salz
1 kleine Zwiebel

Champignons putzen, blättrig schneiden und mit kleingeschnittener Zwiebel in einer beschichteten Pfanne dünsten. Ei mit Eiweiß und Salz verrühren, in eine kleine Schüssel geben und im kochenden Wasserbad unter Rühren stocken lassen. Unter das fertige Rührei die Champignons und Petersilie mischen.

Jäger-Frühstück

1 kg gemischte Pilze
1 große Zwiebel
100 g Frühstücksspeck
Salz, frisch gemahlener schwarzer Pfeffer
1 Bund Petersilie
4 Eier
Butter zum Braten

Die Pilze sorgfältig putzen, waschen und gut abtropfen lassen. In Scheiben schneiden. Geschälte Zwiebel hacken, Frühstücksspeck fein würfeln. Den Speck in einer Pfanne auslassen. Zwiebel zugeben und goldgelb andünsten. Pilze zugeben und einmal durchrühren. Zugedeckt bei schwacher Hitze in etwa 20 Minuten garen.
Inzwischen die Butter in einer zweiten Pfanne zerlassen und Spiegeleier braten.
Petersilie fein hacken und unter die fertigen Pilze mischen. Pilze auf einer vorgewärmten Platte mit den Spiegeleiern anrichten und sofort servieren.
Dazu: Feldsalat und dunkles Brot mit Butter.

Eier-Sandwich

8 Scheiben Vollkorntoast
150 g Frischkäse
1 EL Senf
4 Kopfsalatblätter
4 - 6 hartgekochte Eier
2 große Gewürzgurken
Kresse
Salz

Toastscheiben entrinden und mit dem Gemisch Frischkäse und Senf bestreichen. Die Hälfte jeweils mit einem Salatblatt und Eierscheiben belegen. Nach Belieben salzen. Gewürzgurken in dünne Scheiben schneiden und auf den Eiern verteilen. Kresse gut abtrocknen und darüberstreuen. Restliche Toastscheiben auflegen, gut andrücken und diagonal halbieren.

Senfeier

8 hartgekochte Eier
8 kleine Weißbrotscheiben
1 EL Kräuterbutter
1/8 l Schlagsahne
1 EL Sauerrahm
1 EL scharfer Senf
1 EL Kräutersenf
1 TL Paprikapulver
1 EL gehackter Dill
Salz, Pfeffer

Die Eier schälen und quer halbieren. Weißbrot toasten, erkalten lassen und mit der Kräuterbutter bestreichen. Schräg durchschneiden. Auf jede Hälfte ein halbes Ei legen. Schlagsahne mit Salz sehr steif schlagen. Mit dem Sauerrahm, scharfem Senf und Kräutersenf mischen. Mit Paprika, Dill und etwas Pfeffer würzen. Die Soße über die Eierbrote verteilen.

Pilzeier

6 hartgekochte Eier
12 Scheiben Lachsschinken
1 kleine Dose Champignons
1 EL gehackte Zwiebel
1 EL gehackte Petersilie
3 EL Mayonnaise
einige Spritzer Tabascosoße
1 EL Cognac
Salz
1 TL Zitronensaft
Petersilie und Salatblätter zum Garnieren

Die geschälten Eier längs halbieren. Die Lachsschinkenscheiben auf einer großen Platte mit den Salatblättern anrichten. Auf jede Schinkenscheibe eine Eihälfte setzen.
Dosenchampignons abtropfen lassen und fein hacken. Mit Zitronensaft, etwas Salz, Zwiebel und gehackter Petersilie mischen. Mayonnaise mit Tabascosoße und Cognac pikant abschmecken. Champignons unter die gewürzte Mayonnaise ziehen. Diese Mischung auf die Eihälften verteilen und mit Petersilie garnieren.

Frühlingseier

10 EL Tomatenmark
Salz
Zucker
2 EL Essig
20 g Butter
Schnittlauch
4 Eier

Das Tomatenmark mit Salz, einer Prise Zucker und etwas Essig pikant abschmecken. In einer feuerfesten flachen Form die Butter braun werden lassen und das Mark dazugeben. Gut durchkochen, die Eier hineinschlagen und darin ziehenlassen. Die fertigen Spiegeleier mit Schnittlauch garnieren.

Speckeier extrascharf

5 durchwachsene Speckscheiben
1 TL Öl
Eier nach Bedarf
Pfeffer
Curry
Kümmel

Fett in einer Pfanne erhitzen, Speckscheiben leicht anbraten und Eier darüberschlagen, bei schwacher Hitze fertigbraten.
Mit Pfeffer, Curry und Kümmel nach Belieben würzen.

Eierbrot

4 Scheiben Graubrot
4 hartgekochte Eier
Kräuterbutter
4 Sardellenfilets
Salatblätter
Radieschen und Petersilie zum Garnieren

Geschälte Eier halbieren. Eigelb und Eiweiß getrennt grob hacken. Die Brote mit Kräuterbutter bestreichen. Diagonal mit Sardellenfilets belegen.
Jeweils die eine Hälfte mit Eiweiß, die andere mit Eigelb bestreuen. Brote auf Salatblättern, garniert mit Radieschen und Petersilie, anrichten.

Basler Eier

1 EL Fett
Salz
8 Eier
4 Scheiben Emmentaler Käse
3 EL Schlagsahne
Paprika

Fett in der Pfanne erhitzen und die Eier einschlagen. Leicht salzen. Sobald das Eiweiß fest geworden ist, die Käsescheiben darüberlegen und schmelzen lassen. Zum Schluß die Sahne darübergeben und mit Paprika bestreuen.

Taifhuhn

Toast mit Eiern

4 Scheiben Toast
50 g gekochten Schinken
4 hartgekochte Eier
2 Tomaten
Salz, Pfeffer
Schnittlauch
4 Scheiben Chesterkäse

Toast einseitig leicht anrösten. Schinken würfeln und mit geschnittenen Tomaten und Eierscheiben auf die ungeröstete Seite legen. Salzen und pfeffern. Käse darüber und backen, bis der Käse zerlaufen ist. Mit Schnittlauch garnieren.

Pikante Eier im Nest

400 g Doppelrahm-Frischkäse
5 EL Milch
je 1 Bund frischer Dill
Petersilie und Schnittlauch
Salz, weißer Pfeffer
1 EL feingehackte Zwiebel
1 EL Tomatenketchup
1 TL Paprika edelsüß
2 - 3 Tropfen Tabascosoße
2 Kästchen Kresse
Paprikastreifen und Olivenscheiben zum Garnieren
8 leere, saubere Eierschalen

Frischkäse mit Milch cremig rühren. Dill, Petersilie und Schnittlauch fein hacken oder fein schneiden, unter die Käsecreme mischen. Mit Salz und Pfeffer würzen. Die Masse halbieren. Eine Hälfte mit gehackter Zwiebel würzen, die

andere Hälfte mit Tomatenketchup, Paprika und Tabascosoße scharf abschmecken. Die beiden Massen mit Spritzbeutel in die Eierschalen füllen, mit Dill oder Petersilie, Paprikastreifen und Olivenscheiben garnieren. Die gefüllten Eier auf der Kresse anrichten.

Verhüllte Eier

5 Eier
500 g gemischtes Hackfleisch
1 Zwiebel
1 Semmel
Salz, Pfeffer
1 TL scharfer Senf
2 EL Semmelbrösel
Backfett

Vier Eier hart kochen und schälen. Aus Hackfleisch, Zwiebelwürfeln, dem rohen Ei, der eingeweichten, ausgedrückten Semmel, Salz, Pfeffer und Senf einen Fleischteig bereiten und in vier Portionen teilen.
Die Eier mit dem Fleischteig umhüllen, den Teig gut festdrücken und in Paniermehl wenden.
Fett im Ausbacktopf oder in der Friteuse erhitzen und die umhüllten Eier darin nacheinander acht bis zehn Minuten backen.
Sie schmecken heiß oder kalt, am besten mit frischem Salat.

Königsberger Geflügelragout

1 Suppenhuhn oder großes Hähnchen
1 Bund Suppengrün
1 Dose Champignons
1 TL Kapern
1 EL gehackte, gemischte Kräuter
Salz, Pfeffer
Zitronensaft
40 g Butter
40 g Mehl
2 Eigelb

Das ausgenommene Huhn oder Hähnchen mit geputztem Suppengrün in wenig Wasser garen.
Mehl in Butter hell anschwitzen, mit einem halben Liter durchgeseihter Hühnerbrühe auffüllen und durchkochen lassen.
Die Soße mit Kapern, Zitronensaft, Salz und Pfeffer abschmecken und mit Champignons, kleingeschnittenem Hühnerfleisch und Eigelbe vermischen. Sofort servieren.

Reisfrikadellen

Reisreste
1 - 2 Eier
gekörnte Brühe
Gewürzmischung
frische Kräuter
Sojasoße
Oregano
Basilikum
Vollkornmehl oder Semmelbrösel

Reis mit ein bis zwei Eiern verkneten. Mit gekörnter Brühe, Oregano, Basilikum, Sojasoße, Gewürzmischung und frisch gehackten Kräutern abschmecken.
Frikadellen formen, in Vollkornmehl oder Semmelbröseln wenden, in wenig Öl braten.
Besondere Verfeinerung: Die angebratenen Frikadellen mit einer Scheibe Ananas und Käse belegen, zehn Minuten bei 200 °C überbacken.

Geflügelauflauf

1 großes Hähnchen
1 Bund Suppengrün
60 Mehl
40 g Butter
200 g Champignons
1 Dose Spargel
3 Eier
Salz
Zitronensaft

Das Hähnchen mit geputztem, kleingeschnittenem Suppengrün und einem Liter Wasser garen. Das Fleisch von den Knochen lösen.
Mehl in Butter hell anschwitzen, mit einem halben Liter Hühnerbrühe auffüllen und durchkochen lassen. Unter diese Soße drei Eigelbe, abgetropften Spargel und Champignons mischen und das Fleisch unterheben. Alles mit Salz und Zitronensaft abschmecken und zum Schluß mit Eischnee vermischen. Diese Masse in eine gefettete Auflaufform füllen, mit Käse bestreuen und im Backofen bei starker Hitze backen.

Langusten in Eihülle

1 Portion

5 Langusten
Zitronensaft
Salz
2 Eier
Fett zum Ausbacken

Große, ausgelöste Langusten mit Zitronensaft beträufeln und mit Salz bestreuen. In verschlagenem Ei wenden und im heißen Fett schwimmend ausbacken. Mit Zitronenscheiben und Weißbrot servieren.

Königsberger Klopse

400 g Hackfleisch
1 Zwiebel
1 Ei
1 Brötchen
Salz, Pfeffer
1 EL gehackte Petersilie
1 TL Senf
1 TL Sardellenpaste
Soße:
60 g Butter
40 g Mehl
Zitronensaft
2 Eigelb
1 kleines Glas Kapern

Hackfleisch mit feingeschnittener Zwiebel, eingeweichtem, gut ausgedrücktem Brötchen, Salz, Pfeffer, Petersilie, Senf und Sardellenpaste vermischen und pikant abschmecken. Aus diesem Fleischteig Bällchen formen und diese in einen halben Liter kochendes Salzwasser einlegen und ziehen lassen. Mehl in Butter hell anschwitzen, mit der Fleischbrühe der Bällchen auffüllen und durchkochen lassen. Dann mit Salz und Zitronensaft sowie den Kapern vermischen und abschmecken. Die fertige Soße mit Eigelb abziehen und mit den Klopsen vermischt zu Kartoffeln und frischem Salat reichen

Gefüllte Geflügelschnitzel in Eihülle

8 dünne Scheiben Puten- oder Hähnchenbrust
4 Scheiben Butterkäse
2 EL Tomatenmark
Salz
Zitronensaft
2 Eier
Fett zum Braten

Das Fleisch mit Salz und Zitronensaft würzen. Vier Fleischscheiben mit Tomatenmark bestreichen und mit Käse belegen. Die zweite Fleischscheibe darauflegen und die beiden Schnitzel mit Zahnstocher zusammenstecken. In verschlagenem Ei wenden und im heißen Fett backen.

Kletter-ei
puth

Steaks Bürgermeister-Art

4 Steaks
Salz, Pfeffer
Salbei
Thymian
etwas Fett
Tomaten
4 Eier
Butter
4 Sardellen

Fleisch mit Salz, Pfeffer, Salbei und Thymian einreiben und in der Pfanne rasch von beiden Seiten mit wenig Fett braten. Tomaten in Scheiben schneiden, mit dem Fleisch braten. Butter in einer zweiten Pfanne schmelzen, Spiegeleier darin zubereiten und diese auf das Fleisch legen. Alles mit Sardellenfilets und Tomatenscheiben garniert anrichten.

Porreeauflauf

1 kg Porree
1 große Zwiebel
1 EL Butter
3/8 l Schlagsahne und Wasser (halb und halb)
3 Eier
150 g Parmesan, Emmentaler oder Gouda
Kräutersalz
weißer Pfeffer
Muskat

Porree putzen und waschen. Am besten längs aufschneiden und unter fließendem Wasser spülen. Abtropfen lassen. In zwei bis drei cm lange Stücke schneiden. In wenig Salzwasser fünf Minuten dünsten.
Zwiebel fein würfeln, in Butter glasig dünsten. Porree und Zwiebel vermischen und in gefettete Auflaufform füllen.
Eier mit Flüssigkeit verquirlen, geriebenen Käse und Gewürze dazugeben, über den Auflauf gießen. 20 Minuten bei ca. 180 °C backen.

Tip

Dazu passen z. B. Kartoffelkroketten oder Grünkernfrikadellen

Kohlrabiauflauf

1 kg Kohlrabi
200 g Gouda
3 Eier
1 Becher Schlagsahne
1 Bund Petersilie
schwarzer Pfeffer
Kräutersalz
zarte Kohlrabiblätter

Kohlrabi putzen, grobe Teile entfernen, grob würfeln. In Salzwasser fünf Minuten garen. Abtropfen lassen, in gefettete Auflaufform füllen.
Eier mit Sahne, Pfeffer, Salz und gehackter Petersilie verquirlen; über die Kohlrabi gießen. Mit geriebenem Käse bestreuen. 20 Minuten bei 180 °C backen.

Lombardische Eierspeise

2 Portionen

1 Tasse Tomatensaft
1 Tasse geriebener Parmesan
1 EL Butter
4 Eier
Salz, Pfeffer

Butter in einer Pfanne zum Schmelzen bringen, Käse darin zergehen lassen und Tomatensaft dazutun. Beginnt die Masse zu kochen, die verrührten Eier hinzufügen.
Mit Pfeffer und Salz abschmecken und rühren.
Auf gebuttertem Toast servieren.

Gebratene Kürbisschnitzel

1 kg Kürbis
2 Eier
Weizenvollkornmehl
Semmelbrösel
Salz, Pfeffer
Öl zum Braten

Kürbis schälen, in 1 cm dicke Scheiben schneiden, entkernen. Salzen und pfeffern. Zuerst in Vollkornmehl wenden, dann in verquirltem Ei, danach in Semmelbröseln. In wenig Fett hellbraun backen.
Anstelle von Kürbis kann auch Zucchini genommen werden. Die zarten Sorten werden jedoch nicht geschält.

Eier auf Kartoffelbett

1 kg Kartoffeln
1 TL Salz
1 Tasse Milch
Muskat
1 Stich Butter
100 g geriebener Allgäuer Emmentaler
10 Eier
Tomatensoße:
40 g Butter
40 g Mehl
1 Tasse Tomatensaft
1 Tasse Milch
1 kleine Zwiebel
Salz, Pfeffer
1 Prise Zucker
1 EL gehackte Petersilie

Kartoffeln schälen, würfeln, in Wasser mit Salz weichkochen, abgießen und mit Milch, Muskat und Butter zu einem festen Kartoffelbrei schlagen. Den Brei mit vier Eigelben verrühren und mittels eines Spritzbeutels auf eine feuerfeste Platte spritzen.
Die restlichen Eier hart kochen, schälen, halbieren und bergartig auf das Kartoffelbett legen. Alles mit Tomatensoße überziehen. Dazu Mehl in Butter hell anschwitzen, mit geriebener Zwiebel, Salz, Pfeffer, Zucker und Milch sowie Tomatensaft vermischen und abschmecken. Mit Käse bestreuen. Diese Platte unter dem Grill oder im heißen Backofen kurz überbacken und mit Petersilie bestreut anrichten.

Pikanter Pilzauflauf

500 g gemischte Pilze (Steinpilze, Maronenröhrlinge, Pfifferlinge)
3 Zwiebeln
1 Knoblauchzehe
Butter zum Dünsten
1/2 l Milch
20 g Speisestärke
Wasser zum Anrühren
Salz, frisch gemahlener weißer Pfeffer
1 Bund Petersilie
6 Eier
100 g geriebener Emmentaler oder Greyerzer
Butter zum Einfetten

Geputzte Pilze waschen, gut abtropfen lassen und fein hacken. Zwiebeln und Knoblauchzehe schälen, beides ebenfalls fein hacken.
Butter in einem Topf erhitzen, Pilze zusammen mit Zwiebeln und Knoblauch darin anbraten. Zehn Minuten unter Rühren dünsten. Etwas abkühlen lassen.
Milch in einem Topf aufkochen. Speisestärke mit wenig Wasser anrühren, zur Milch geben und unter Rühren noch einmal aufkochen lassen. Vom Herd ziehen.
Die Eier trennen. Eigelbe mit etwas Soße verrühren, dann unter die Soße ziehen. Käse eßlöffelweise unterrühren. Die Masse mit Salz und Pfeffer pikant abschmecken. Zum Schluß die gewaschene, gut abgetropfte, fein gehackte Petersilie untermischen.
Eiweiß mit etwas Salz zu steifem Schnee schlagen und vorsichtig unter die Soße ziehen. Die Pilz-Masse unterheben.
Eine feuerfeste Form mit Butter einfetten und die Pilzmasse einfüllen. An der Oberseite glattstreichen. Die Form in den vorgeheizten Backofen auf die untere Schiene stellen und den Pilzauflauf bei 220 °C (Gas: Stufe 5) etwa 40 Minuten backen. Bitte öffnen Sie während der ersten 30 Minuten keinesfalls das Backrohr, sonst fällt der Auflauf zusammen.
Servieren Sie den Pilzauflauf sofort mit Kopfsalat in Kräutermarinade. Wenn Sie die Zutaten halbieren, können Sie den Auflauf auch als pikante kleine Vorspeise reichen.

Spiegeleier mit Erbsen

2 Portionen

Kartoffelpürree (1 Beutel á 3 Portionen)
Salz
Muskat
4 Scheiben gekochter Schinken
1 Dose Erbsen
4 Eier

Kartoffelpürree nach Vorschrift zubereiten, mit etwas Salz und Butter verfeinern und auf eine vorgewärmte Platte geben. Den Rand spritzt man in einem gefälligen Muster. Dann drückt man Vertiefungen ein, füllt sie mit den in Butter geschwenkten Erbsen und setzt obenauf je ein Spiegelei. Zum Schluß wird der Rand noch mit gewürfeltem, kurz angeschmortem Schinken oder Speck bestreut. Ein schmackhaftes Gericht.

Ich finde dich huhnsympatisch!
Puth

Feinschmecker Hacksteak

400 g Hackfleisch
1 Brötchen
1 - 2 Eier
2 Sardellen
Salz, Pfeffer, Paprika
1 TL Kapern
1 EL gehackte Petersilie
1 EL Tomatenmark
2 Zwiebeln
1 TL Senf
etwas abgeriebene Zitronenschale
3 EL Semmelbrösel
Fett zum Braten
4 Eier

Hackfleisch mit eingeweichter, gut ausgedrückter Semmel, Eiern, Salz, Pfeffer, Paprika, Senf, Tomatenmark, gewiegter Petersilie, Zwiebeln, Kapern sowie abgeriebener Zitronenschale und gehackten Sardellenfilets gut vermischen und herzhaft abschmecken. Handtellergroße Steaks daraus formen, in Semmelbröseln wenden und in heißem Fett von beiden Seiten braten.

Spiegeleier getrennt zubereiten und auf jedem Hacksteak ein Spiegelei anrichten.

Rührei auf Gemüse

2 - 3 EL Butter
2 große Zwiebeln
1 Dose Pfifferlinge
250 g Erbsen
250 g Karotten
Salz, Pfeffer
Majoran
Thymian
Rührei:
8 Eier
8 EL Milch
Salz
3 Würstchen
50 g Butter
1 EL Schnittlauch
Salz, Pfeffer
Muskat

Zunächst alles Gemüse in Salzwasser putzen. Zwei bis drei Eßlöffel Butter in einer genügend großen Pfanne erhitzen, dann das Gemüse hineingeben, mit Salz, Pfeffer, Majoran und Thymian würzen, auf die Pfanne einen Deckel geben und das Gemüse etwa zehn Minuten durchdünsten.
In der Zwischenzeit das Rührei zubereiten. Eier mit Milch, Salz, Muskat und Pfeffer verquirlen. Butter in einer Pfanne schmelzen, die Eiermilch hineingießen und unter langsamen Rühren stocken lassen. Vor dem Servieren den feingeschnittenen Schnittlauch untermischen. Das Rührei in die Mitte einer Platte geben und mit dem Gemüse umlegen.

Zuppa Pavese

6 Scheiben Toastbrot
2 l Fleischbrühe
30 g Butter
6 Eier
Salz, Pfeffer
geriebener Parmesankäse

Brühe erhitzen. Brotscheiben in Butter rösten und auf Suppenteller verteilen. Auf jede Brotscheibe ein Ei aufschlagen und kurz in den vorgeheizten Backofen schieben, bis das Eiweiß fest ist. Herausnehmen. Brühe in jeden Teller geben. Mit Salz und Pfeffer abschmecken.
Parmesankäse dazu reichen.

Rührei mit Totentrompeten

4 getrocknete Totentrompeten
125 g mageres Schweinefleisch aus der Keule
100 g Bambussprossen
4 Eier
2 TL Sojasoße
Salz, frisch gemahlener weißer Pfeffer
2 EL Öl
1 EL gehackte Petersilie

Die Totentrompeten eine Stunde einweichen, das Wasser weggießen und die Pilze gut abtropfen lassen. Schweinefleisch durchdrehen oder ganz fein hacken. Pilze und Bambussprossen fein würfeln. Die Eier mit der Sojasoße verquirlen.

Schweinefleisch und Gemüse untermischen. Mit Salz und Pfeffer würzen. Öl in einer schweren Pfanne erhitzen. Eiermischung hineingeben. Mit der gehackten Petersilie bestreuen und das Rührei bei Mittelhitze garen. Auf eine vorgewärmte Platte stürzen und sofort mit Salat servieren.

Überbackene Pilze

500 g gemischte Pilze
1 kleine Zwiebel
50 g Butter
3 Eier
Salz, Pfeffer
geriebene Muskatnuß
5 EL geriebener Emmentaler
4 EL Sauerrahm
1 Bund Petersilie
Butter zum Einfetten

Sorgfältig geputzte Pilze in große Stücke schneiden. Zusammen mit der geschälten, gehackten Zwiebel in der erhitzten Butter fünf Minuten dünsten. Vier kleine Förmchen mit Butter einfetten. Pilze darin verteilen und leicht salzen. Eier mit Salz, Pfeffer, geriebener Muskatnuß, Sauerrahm und zwei Eßlöffeln geriebenem Käse verquirlen. Petersilie hacken und untermischen. Die Masse über die Pilze verteilen und diese mit dem restlichen Käse bestreuen. Im vorgeheizten Backrohr bei 200 °C (Gas: Stufe 4) etwa 15 Minuten goldbraun überbacken.

Spaghetti alla carbonara

400 g Spaghetti
Salzwasser
150 g geräucherter Speck
2 Knoblauchzehen
2 EL Öl
3 Eier
1/4 TL Pfeffer
1/2 TL Salz
2 EL geriebener Schafskäse
2 EL geriebener Parmesankäse

Spaghetti im Salzwasser kochen. Speck in Würfel schneiden, Knoblauchzehen schälen und zerdrükken. Öl erhitzen und die zerdrückten Knoblauchzehen und Speckwürfel darin anbraten. Eier mit Salz, Pfeffer und dem geriebenen Käse verrühren. Die Nudeln abschrecken, auf einem Sieb abtropfen lassen und zu der Speckmasse geben. Eiergemisch darübergießen und stocken lassen.

Panierte Reizker

500 g Edelreizker (oder Brätlinge)
Salz, weißer Pfeffer
Saft von 1 Zitrone
2 Eier
Semmelmehl
Fett zum Backen
Sardellenringe
Kapern und Zitronenachtel zum Garnieren
Salatblätter zum Anrichten

Die sorgfältig geputzten Pilze eventuell waschen und gut abtropfen lassen. Dann der Länge nach in etwa 1 cm dicke Scheiben schneiden und mit Salz und weißem Pfeffer würzen. Mit dem Zitronensaft beträufeln.
Eier gut verquirlen und die Pilze zuerst darin, dann im Semmelmehl wenden.
Reichlich Fett in einer Pfanne erhitzen. Die Pilze darin von beiden Seiten goldgelb braten.
Auf den gewaschenen, gut abgetropften Salatblättern anrichten und mit Sardellenringen, Kapern und Zitronenachteln garnieren.
Sofort servieren. Dazu schmeckt gemischter Salat.

Schnitzel à la Holstein

4 Kalbsschnitzel
2 EL Mehl
Salz, Pfeffer
4 EL Margarine
4 Eier
8 Sardellenfilets
2 Scheiben Toast
Butter
4 Scheiben Räucherlachs
1 Zitrone
Kaviar

Schnitzel salzen und pfeffern, in Mehl wenden. Dann in heißem Fett von beiden Seiten braten.
Toast rösten und zweimal diagonal durchschneiden. Schnitzel mit Spiegeleiern belegen, die im selben Fett gebraten wurden.
Butter auf den Toast, darauf Lachs und Sardellen. Mit Kaviar und Zitronenscheiben garnieren und mit den Schnitzeln servieren.

Ich bin huhntauglich

Mexikanische Spiegeleier

6 Portionen

2 feingehackte Zwiebeln
1 EL Öl
1/16 l rote Chilisoße (Tabasco)
1 EL grüne Chilisoße
1/2 l Tomatensaft
1/2 TL Oregano
3 gehäutete, kleingehackte Tomaten
1 - 2 TL gehackter Koriander
6 Tortillas
Öl nach Gebrauch
12 Avocadoscheiben
6 Spiegeleier

Zwiebeln in einem Eßlöffel Öl glasig werden lassen, Chilisoßen, Tomatensaft und Oregano hinzufügen und aufkochen lassen. Flamme herunterdrehen und 15 Minuten ohne Deckel köcheln lassen, gelegentlich umrühren. Tomaten und Koriander dazugeben, aufkochen lassen und dann warmstellen. Tortillas in heißes Öl geben und wenden. Dann vollständig in Soße tunken, auf Eßteller anrichten und Spiegelei auflegen. Die restliche Soße gleichmäßig über die Eier verteilen und mit je zwei Avocadoscheiben belegen.
Dazu kann nochmals grüne Chilisoße gereicht werden.

Pytt i Panna

750 g Kartoffeln
3 EL Öl
3 EL Butter
2 Zwiebeln
200 g Schinken
250 g Bratenreste (möglichst Kalb oder Lamm)
Salz, Pfeffer
1 Bund Schnittlauch
4 Eigelb

Geschälte Zwiebeln in Ringe, Schinken und Fleisch in 1/2 cm große Würfel schneiden. Kartoffeln schälen in 1/2 cm große Würfel schneiden und auf Haushaltspapier abtropfen lassen. Dann in der Hälfte des Fettes in 15 bis 20 Minuten goldgelb braten. Warm stellen. Das restliche Fett in einer zweiten Pfanne erhitzen, Zwiebeln darin glasig braten, Schinken und Fleisch zufügen und kurz mitbraten. Alles mischen, auf vier Teller verteilen, salzen, pfeffern und mit Schnittlauchröllchen bestreuen.
Jeweils ein rohes Eigelb in die Mitte setzen und sofort servieren.

Gebackene Eier in Champignonsoße

6 bis 8 Portionen

500 g Champignons
4 EL Butter
4 EL Mehl
1 Würfel Hühnerbrühe (aufgelöst in
1 EL kochendem Wasser)
1 EL gehackte Zwiebeln
1/2 l Schlagsahne
Salz, frisch gemahlener Pfeffer
1 EL gehackter Petersilie
1 locker geschlagenes Eigelb
6 - 8 Eier
geriebener Parmesan

Ofen auf 180 °C vorwärmen. Champignons fünf Minuten in einer Pfanne sautieren. Champignons herausnehmen und zur Seite stellen. Mehl, aufgelöste Brühe und Zwiebeln in die zurückgebliebene Flüssigkeit geben, unter Rühren aufkochen bis die Masse eindickt. Langsam die Sahne einrühren. Champignons, Salz, Pfeffer und Petersilie hinzugeben. Einen Teelöffel dieser Soße unter das geschlagene Eigelb heben,

dann dieses vorsichtig in die Champignonsoße schlagen und köcheln lassen.
Den Boden einer eingefetteten Backform mit der Soße bedecken. Dann vorsichtig die aufgeschlagenen Eier nacheinander eingeben, mit Parmesan besprenkeln. Ca. 15 Minuten backen lassen.

Pfifferlinge mit Ei

450 g Pfifferlinge
30 g Butter
1 Zwiebel
50 g geräucherter Speck
4 Tomaten
6 Eier
1 Prise geriebene Muskatnuß
Salz, frisch gemahlener schwarzer Pfeffer
1 Prise Thymian

Tomaten mit kochendem Wasser überbrühen, abschrecken und häuten. In etwa 2 cm dicke Scheiben schneiden. Zwiebel schälen und ebenfalls in dünne Scheiben schneiden.
Butter in einer Pfanne erhitzen, den gewürfelten Speck und die Zwiebel darin anbraten. Tomatenscheiben und die geputzten Pfifferlinge zugeben. Mit Salz und Pfeffer würzen. Etwa 20 Minuten garen. Eier mit Salz, Pfeffer, Muskatnuß und Thymian verquirlen und über das Gemüse gießen. Bei milder Hitze stocken lassen.
Dazu: Weißbrot und grüner Salat.

Quiche Lorraine

6 Portionen

250 g Mehl
125 g Margarine
1 Ei
1 Prise Salz
1 - 2 EL kaltes Wasser
Füllung:
2 Zwiebeln
250 g durchwachsener Speck
1 EL Öl
10 Scheiben Käse
3 EL gehackte Petersilie
1 Becher Sauerrahm (0,2 l)
4 Eier
Salz, Pfeffer
1 Prise geriebene Muskatnuß
1 Prise Cayennepfeffer

Mehl auf ein Backbrett sieben und in die Mitte eine Mulde drücken. Margarine in Flöckchen über dem Mehl verteilen. Ei, Salz und Wasser in die Mulde geben und das Ganze rasch zu einem glatten Mürbeteig verarbeiten. In Alufolie wickeln und mindestens 30 Minuten im Kühlschrank ruhen lassen.
Geschälte Zwiebeln und Speck fein würfeln, in dem erhitzten Öl glasig dünsten, aber nicht bräunen. Aus der Pfanne nehmen und etwas abkühlen lassen.
Inzwischen die Käsescheiben würfeln. Sauerrahm mit den Eiern verquirlen, Petersilie untermischen.
Mit Salz, Pfeffer, Muskatnuß und Cayennepfeffer würzen. Speck-Zwiebel-Gemisch sowie die Käsewürfel zugeben und alles gut miteinander vermengen. Eine Springform (Durchmesser 28 - 30 cm) mit dem Teig auslegen, dabei einen ca. 5 cm hohen Rand formen. Die Füllung auf dem Teig verteilen. Form in den vorgeheizten Backofen auf die mittlere Schiene stellen, und die Quiche Lorraine bei 220 °C (Gas: Stufe 3 1/2) etwa 40 Minuten backen. Die Oberfläche muß schön gebräunt und die Füllung fest sein.
Warm mit einem gemischten Salat und einem jungen Wein (z. B. Beaujolais Primeur) servieren.
Als Zwischengericht oder Vorspeise reicht die angegebene Menge für sechs Personen. Wenn Sie die Quiche Lorraine als Hauptgericht servieren wollen, werden vier Personen satt.

Münsterländer Pfeffersteak

4 dicke Scheiben durchwachsener Bauchspeck
Salz, grob gemahlener Pfeffer
grüner Pfeffer
1 Tasse Paniermehl
2 Eier
wenig Fett zum Braten

Die Speckscheiben mit Salz und gemahlenem Pfeffer bestreuen. Paniermehl mit grob gemahlenem Pfeffer vermischen. Die Speckscheiben zuerst in Ei dann in dem Paniermehlgemisch wenden und in wenig Fett von beiden Seiten knusprig braun braten.

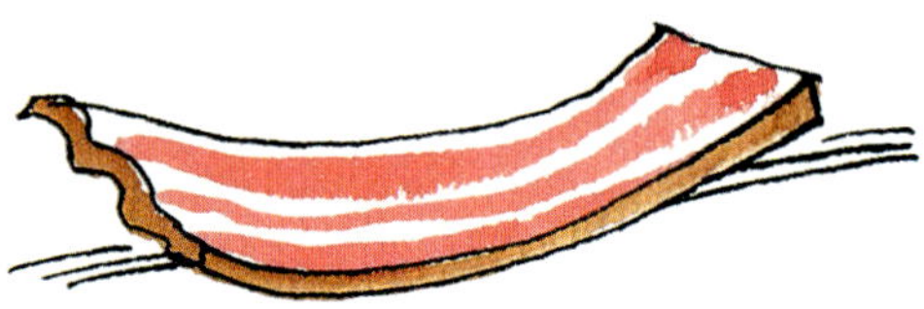

Ich bin Chefcock!
Puth

Quiche aux champignons

300 g Mehl
2 Eier
1 EL Öl
Salz
1 - 2 EL Wasser
Füllung:
10 g Butter oder Margarine
150 g durchwachsener Speck
1 große Zwiebel
500 g Champignons (oder braune Egerlinge)
Salz, Pfeffer
4 Eier
1/8 l Schlagsahne
3 EL Crème fraîche
2 EL gehackte Petersilie
75 g geriebener Parmesan
100 g frischer Mozzarella

Aus Mehl, Eiern, Öl, Salz und Wasser einen geschmeidigen Nudelteig kneten, in Alufolie wickeln und bei Zimmertemperatur eine Stunde ruhen lassen. Inzwischen den gewürfelten Speck sowie die geschälte, gewürfelte Zwiebel in der Butter andünsten. Geputzte, in Scheiben geschnittene Pilze zugeben, mit Salz und Pfeffer würzen. Bei starker Hitze schmoren, bis die Flüssigkeit vollkommen verdampft ist. Die Masse abkühlen lassen, dann mit den restlichen Zutaten (außer Mozzarella) mischen.
Eine gefettete Springform mit dem Teig auslegen, dabei ebenfalls einen Rand formen. Pilzmasse einfüllen und mit dem in Scheiben geschnittenen Mozzarella belegen. Im vorgeheizten Backofen auf der

mittleren Schiene bei 220 °C (Gas: Stufe 4) etwa 30 Minuten backen. Ebenfalls noch warm servieren.

Blumenkohl mit Käsesoße

1 Blumenkohl
60 g Butter
40 g Mehl
1/4 l Milch
100 g geriebener Gouda
200 g gekochter Schinken
Muskat
Salz
2 Eigelb
4 hartgekochte Eier

Blumenkohl säubern und in einem Topf mit nicht zuviel Salzwasser garen. In der Zwischenzeit Mehl in Butter hell anschwitzen, mit einem viertel Liter Blumenkohlwasser und Milch auffüllen und durchkochen lassen. Die Soße mit Käse vermischen und mit Muskat und Salz abschmecken.
Danach mit Eigelb legieren.
Diese Soße über das Gemüse ziehen und mit Eihälften und Schinkenröllchen dekorieren.

Kalbshirn mit Ei überbacken

400 Kalbshirn
Salz, Pfeffer
Saft einer Zitrone
1 EL Butter
4 Eier

Kalbshirn säubern, mit kochendem Wasser überbrühen und mit Küchenpapier abtrocknen. Mit Zitronensaft beträufeln. Butter in einer Pfanne oder vier feuerfesten Portionsschalen schmelzen, das Hirn hineingeben. Eier darüberschlagen, in den Backofen schieben und stocken bzw. garen lassen.

Eierlaib

350 g Weizenmehl
20 g Hefe
Zucker
1/8 l lauwarme Milch
3 Eier
100 g Butter
2 EL gehackte Kräuter
Salz, Pfeffer
1/4 TL gestoßenes Anis

Mehl in eine Schüssel geben.
In die Mitte eine Vertiefung drücken, die Hefe hineinbröckeln und mit Zucker, etwas Mehl und drei Eßlöffeln Milch zum Vorteig rühren.
Zugedeckt 15 Minuten gehen lassen. Dann mit dem Mehl verrühren, geschmolzene Butter, Eier, restliche Milch, Gewürze und Kräuter zugeben und das Ganze gut durchkneten, bis der Teig sich vom Schüsselrand löst. 20 Minuten zugedeckt gehen lassen.
In eine gefettete, bemehlte Form geben und 15 Minuten zugedeckt gehen lassen. Die Oberfläche mit Wasser oder Eigelb bestreichen und auf der unteren Schiene im vorgeheizten Ofen bei 220 °C etwa 45 Minuten goldbraun backen.
Erkaltet mit gefüllten Oliven und hartgekochten Eiern garnieren.

Fleischkäse im Ausbackteig

4 fingerdicke Scheiben Fleischkäse (Leberkäse)
Fett zum Braten
1 Tasse helles Bier
3 Eier
250 g Mehl
Salz

Mehl in eine Schüssel sieben, Eier und Bier mit Salz darunterschlagen, so daß ein glatter, dickflüssiger Teig entsteht. Fleischscheiben in den Teig tauchen und möglichst schwimmend in heißem Fett ausbacken.
Auf einem Küchenpapier abtropfen lassen. Dazu pikanter Kartoffelsalat und grüner Salat.

Zwiebelkuchen

6 Portionen

300 g Mehl
20 g Hefe
1/2 TL Zucker
1/8 l lauwarme Milch
1/2 TL Salz
20 g Schweineschmalz
Für den Belag:
2 kg Zwiebeln
Butter oder Margarine zum Dünsten
500 g Schwarzwälder Speck
1/2 l Sauerrahm
5 Eigelb
1/2 TL Paprika rosenscharf
1/4 TL Currypulver
weißer Pfeffer
Cayenne-Pfeffer, Salz
Kümmel nach Geschmack

Für den Teig Mehl in eine Schüssel geben, in die Mitte eine Mulde drücken. Hefe hineinbröckeln, mit Zucker, Milch und etwas Mehl verrühren. Zugedeckt an einem warmen Ort gehen lassen. Salz und Schweineschmalz zugeben und alles zu einem glatten Teig verarbeiten. Teig schlagen, bis er Blasen wirft und sich vom Schüsselrand löst. Zugedeckt eine Stunde gehen lassen.
Inzwischen die Zwiebeln schälen und in Ringe hobeln. Im Fett portionsweise andünsten, jedoch nicht bräunen. Speck würfeln, in einer zweiten Pfanne bei Mittelhitze auslassen und glasig braten. Mit den Zwiebeln mischen; die Masse erkalten lassen. Eigelb mit Sahne und Gewürzen verrühren und unter die abgekühlte Zwiebel-Speck-Masse mischen.
Teig auf einem gefetteten Backblech dünn ausrollen, den Belag darauf verteilen, und den Kuchen zugedeckt an einem warmen Ort noch einmal 15 Minuten gehen lassen.
Dann in den vorgeheizten Backofen schieben und auf der zweiten Schiene von unten bei 200 °C (Gas: Stufe 3 1/2) in etwa 40 Minuten goldgelb backen. Heiß servieren.

Tip

Der Zwiebelkuchen schmeckt auch mit Blätterteig: Lassen Sie zwei Pakete Tiefkühlblätterteig (je 300 g) nach Vorschrift auftauen und legen Sie ein mit kaltem Wasser abgespültes Backblech damit aus. Den Teig bedecken Sie mit der Zwiebel-Speck-Masse.
Bei 220 °C (Gas: Stufe 4) im vorgeheizten Backofen etwa 45 Minuten backen.
Zum Zwiebelkuchen schmeckt am besten neuer Wein.

Schinkenrollen in Eihülle

4 gegarte Porreestangen
4 Scheiben nicht zu dünn geschnittener gekochter Schinken
2 - 3 EL Mehl
2 - 3 Eier
Fett zum Ausbacken

Um jede Lauchstange eine Schinkenscheibe wickeln und feststekken. Zuerst in Mehl und dann in verschlagenem Ei wenden. Schwimmend im Fett ausbacken.

Bildhauer-ei
puth.

Spinatkuchen

6 Portionen

2 Pakete tiefgekühlter Spinat (je 600 g)
1 Paket tiefgekühlter Blätterteig (300 g)
3 Zwiebeln
2 Schalotten
2 Knoblauchzehen
6 El Öl
Salz, weißer Pfeffer
1 Bund Petersilie
6 Eier
Salz, Pfeffer
geriebene Muskatnuß
150 g geriebener Gruyère
200 g Mozzarella
1 Eigelb
Für die Soße:
1 Becher Crème fraîche
1 Becher Joghurt (175 g)
1/8 l Sauerrahm
5 EL gehackte, gemischte Kräuter (frisch oder tiefgekühlt)
Salz, Pfeffer
1 Prise Zucker
1 TL Olivenöl

Spinat und Blätterteig auftauen lassen. Zwiebeln, Schalotten und Knoblauchzehen schälen und fein hacken. Im erhitzten Öl glasig dünsten. Spinat zugeben, mit Salz und Pfeffer würzen und unter Rühren so lange dünsten, bis alle Flüssigkeit verdampft ist. Auskühlen lassen.
Petersilie waschen, trockentupfen und fein hacken. Mit den Eiern, Salz, Pfeffer, Muskatnuß und Gruyère verrühren. Zwei Blätterteigplatten auf einem leicht bemehlten Backbrett dünn ausrollen und ein kalt abgespültes Backblech damit belegen. An den Rändern etwas hochdrücken. Spinat auf dem Teig verteilen, glattstreichen und mit der Eiermischung übergießen. Mozzarella in Scheiben schneiden und den Spinatkuchen damit belegen.
Restliche Blätterteiglpatten ebenfalls dünn ausrollen. Kuchen damit bedecken. Mit dem Eigelb bestreichen. Spinatkuchen im vorgeheizten Backofen auf der unteren Schiene bei 225 °C (Gas: Stufe 4) etwa 30 Minuten backen.
Inzwischen für die Soße alle Zutaten miteinander verrühren. Gesondert zum Spinatkuchen servieren.
Als Vorspeise reicht der Kuchen für mindestens acht Personen.

Panierte Selleriescheiben

1 Sellerieknolle
Zitronensaft
Salz, Pfeffer
2 Eier
1 Tasse geriebener Emmentaler
1/2 Tasse Paniermehl
Fett zum Braten

Die Sellerieknolle gut säubern, im Ganzen garen, dann schälen und in fingerdicke Scheiben schneiden. Die Selleriescheiben mit Salz, Pfeffer und Zitronensaft würzen und in verschlagenem Ei wenden. Semmelbrösel mit Käse vermischen; die Selleriescheiben darin wenden und in heißem Fett von beiden Seiten braten.

Ausgebackener Camembert

4 Ecken Camembert
2 Eier
1/4 l Wein
150 g Mehl
1 TL Zitronensaft
Preiselbeeren oder Johannisbeergelee
Fett zum Ausbacken

Eier mit Wein, Mehl, Zitronensaft gut verschlagen. Die Camembertecken in diesen Teig tauchen und schwimmend im Fett ausbacken. Mit Preiselbeeren oder Gelee servieren.

Westfälischer Pickert

1 kg Kartoffeln
3 Eier
3 - 4 EL Vollkornmehl
1 Würfel Hefe
1/2 TL Salz
100 g Rosinen
Öl zum Backen

Kartoffeln sauberbürsten und mit Schale fein reiben. Hefe zerbröseln und mit Kartoffelmasse verrühren. Eier verquirlen, Vollkornmehl und Rosinen zu den Kartoffeln geben. Mit Salz abschmecken. Kleine flache Pickert – ähnlich wie Kartoffelpuffer – backen.
Dazu gießen die „echten Pickert-Fans" Sirup und eine Tasse Kaffee! Mit Honig, frischem Obst oder „ganz ohne was" schmecken sie auch sehr gut.

Saure Eier mit Specksoße

8 Eier
150 g durchwachsener Speck
1 EL Fett
2 EL Mehl
2 große Zwiebeln
1/2 l Fleischbrühe (Würfel)
Salz, Pfeffer
Essig
1 Prise Zucker

Eier hart kochen, abschrecken, schälen und halbieren. Fett erhitzen, kleingeschnittene Zwiebel darin bräunen und mit Mehl bestäuben und zusammen rösten. Speck würfeln, hinzufügen und einige Zeit mitschmoren lassen. Mit Fleischbrühe auffüllen und die Soße gut durchkochen lassen. Mit Salz, Pfeffer, Essig und einer Prise Zucker abschmecken. Dazu Pellkartoffeln oder Reisreste reichen.

Verlorene Eier auf Kartoffelpaste

1 kg Kartoffeln
1 Glas Milch oder Wasser mit Sahne
Salz
Majoran
Dill
Gewürzmischung
Kresse
2 Zwiebeln
Butter
pro Person 1 Ei

Kartoffeln in der Schale garen, pellen, durch die Presse geben oder stampfen. Milch, Gewürzmischung und Kräuter untermengen. Die Zwiebeln fein schneiden, rösten und ebenfalls hineingeben.
Dieses Püree in eine feuerfeste Form füllen, pro Person eine Vertiefung machen und je etwas Butter, eine Prise Salz und ein Ei hineinschlagen.
Im Ofen stocken lassen, bei 200 °C ungefähr 15 bis 20 Minuten.
Mit frischen Kräutern bestreut servieren.

Tortilla de Patata

1 kg Kartoffeln
1/4 l Olivenöl
Salz
2 große Zwiebeln
4 Eier

Kartoffeln schälen, in dünne Scheiben schneiden und trocknen. Fünf Sechstel des Öls leicht erhitzen. Kartoffeln darin unter Wenden zehn Minuten braten, nicht bräunen, salzen. Gehackte Zwiebeln untermischen, etwa zehn Minuten braten, dann auf einem Sieb abtropfen lassen. Eier verquirlen, salzen und die Mischung hineingeben.
Im restlichen, sehr heißen Öl von beiden Seiten stocken lassen.

Käseauflauf

8 Portionen

120 g Mehl
1 TL Backpulver
10 geschlagene Eier
250 g Butter, geschmolzen und dann leicht ausgekühlt
500 g Hüttenkäse
500 g Käseaufschnitt gerieben
1 Glas eingelegte Paprika gehackt
Salz

Den Ofen auf 150 °C vorheizen.
Die Backform einfetten, Mehl und Backpulver mischen, Eier und Butter hinzufügen und gut durchmischen. Die restlichen Zutaten untermischen. Die Masse in die Backform geben und 35 bis 45 Minuten backen (Messer muß beim Einstich in die Mitte sauber bleiben). In Vierecke schneiden und sehr heiß servieren.

Flegel-ei

Scharfer Käse-Eier-Auflauf

für 6 Personen, eignet sich sowohl als Hauptgericht als auch als Beilage zu Fleischgerichten

ca. 10 grüne scharfe Peperoni (Anzahl je nach gewünschter Schärfe)
500 g geriebener Cheddarkäse
500 g junger geriebener Gouda
1/2 l Milch
4 Eier
100 g Mehl
1 EL Salz

Ofen auf 150 °C vorheizen. In eine Backform Peperoni und Käse schichten. Milch, Eier, Mehl und Salz in einem Mixer gut mischen und über Peperoni-Käse-Lage gießen. 45 Minuten backen.

Roastbeef mit Yorkshire-Pudding

150 g Mehl
Salz
6 Eier
1/8 l Milch (knapp)
30 g Rindertalg
1 kg Roastbeef
schwarzer Pfeffer

Mehl mit Salz mischen. Eier zugeben und langsam mit dem Mehl verrühren. Dabei nach und nach die Milch zugießen. Den Teig schlagen, bis er Blasen wirft. Zugedeckt 30 Minuten ruhen lassen. Rindertalg in einer großen feuerfesten Form schmelzen, Teig einfüllen und auf die untere Schiene in den 250 °C heißen Ofen schieben. Etwa 15 Minuten garen. Das herabtropfende Fett gibt dem Pudding die pikante Würze. Das Fleisch in Alufolie gewickelt durchziehen und den Pudding noch etwa 15 Minuten garen lassen. Zusammen servieren.

Eier im Ranch-Stil

2 Portionen

1 Dose Corned beef
1 kleine Dose Mais, abgetropft
Tabasco
Margarine
4 Eier
1 gehackte Zwiebel
Salz, Pfeffer

Die Margarine in einer Pfanne erhitzen, gehackte Zwiebel glasig dünsten und Mais und einen Spritzer Tabasco hinzufügen. Corned beef zerpflücken und in die Pfanne geben. Mit einer Gabel so verteilen, daß Platz für vier Eier bleibt, Diese in die Lücken hinein aufschlagen. Margarineflöckchen aufsetzten, salzen und pfeffern. Auf kleiner Flamme die Eier stokken lassen.

Emmentaler Käse-Soufflé

6 Portionen

200 g Allgäuer Emmentaler
100 g Butter
50 g Mehl
1/4 l Milch
Salz, weißer Pfeffer
geriebene Muskatnuß
4 Eier
1 Eiweiß

Emmentaler ganz fein reiben. Die Hälte der Butter erhitzen, Schaum abnehmen und das Mehl nach und nach unter Rühren in der Butter anschwitzen, doch keinesfalls bräunen. Milch langsam mit dem Schneebesen unterrühren. Zehn Minuten kochen lassen, dabei darauf achten, daß die Masse nicht anbrennt. Mit Salz, Pfeffer und Muskatnuß würzen. Restliche Butter erhitzen und unter die Soße mischen (einen Eßlöffel zum Ausfetten der Form zurücklassen). Soße erkalten lassen. Eier trennen, Eigelb nach und nach untermischen.
Eine Souffléform am Boden und unteren Rand mit der Butter einpinseln und mit einem Eßlöffel Käse ausstreuen.
Eiweiß zu einem festen, doch elastischen Schnee schlagen. Ein Viertel des Eischnees mit dem Schneebesen unter die Soße rühren. Restlichen Eischnee auf die Masse geben, den Käse darüber streuen und alles mit einem Holzlöffel vorsichtig unterziehen. Nicht rühren, sonst fällt die Masse zusammen. In die Form füllen (bis zum Rand müssen noch 2 cm frei bleiben) und im vorgeheizten Backofen auf der mittleren Schiene bei 175 °C (Gas: Stufe 2) etwa 20 Minuten backen. Währenddessen die Backofentüre keinesfalls öffnen. Das Emmentaler-Käse-Soufflé sofort servieren.
Dazu paßt Kopfsalat mit Kräuter-Knoblauch-Vinaigrette oder Tomatensalat mit Frühlingszwiebeln.

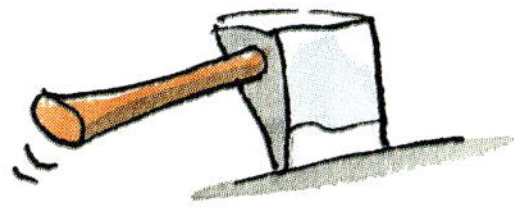

Henkersmahlzeit

6 Portionen

500 g Speck (die Scheiben in größere Stücke schneiden)
2 EL Butter
1 Dose Muscheln (mindestens 12)
Mehl
4 Toastbrotscheiben oder altes Weißbrot, zerbröselt
1 geschlagenes Ei zum Eintunken
6 geschlagene Eier
Salz, frisch gemahlener Pfeffer

Speck in einer großen Pfanne ausbraten, bis er knusprig ist. Aus dem Fett nehmen und mit Küchenkrepp gut abtupfen. Das Fett weggießen. Butter in der Pfanne erhitzen, jede Muschel in ein Gemisch aus Mehl, einem geschlagenen Ei und Brotkrummen eintunken. Auf mittlerer Flamme in der Butter ausbraten, bis sie goldbraun sind. Dann die restlichen Eier hinzufügen und stocken lassen. Speck auflegen und sofort servieren.

Eier in Kräutercreme

75 g Krabben
Saft einer Zitrone
2 Schalotten (oder 1 kleine Zwiebel)
30 g Butter oder Margarine
1 Becher Crème fraîche
1/2 Bund Dill
1/2 Pck. gemischte tiefgekühlte Kräuter
Zitronenschale
Salz, weißer Pfeffer
1 Schuß Essig
Wasser
4 Eier

Krabben mit dem Zitronensaft beträufeln und zugedeckt ziehen lassen. Schalotten oder Zwiebel schälen und fein hacken. Im erhitzten Fett glasig dünsten, aber keinesfalls bräunen. Crème fraîche zugeben und etwas einkochen lassen. Gewaschenen, gehackten Dill, tiefgekühlte Kräuter, Zitronenschale, Krabben, Salz und Pfeffer zugeben. Die Soße wieder erhitzen und bis zu gewünschten Konsistenz einkochen lassen. Warm stellen.
Inzwischen in einem hohen Topf so viel Salzwasser erhitzen, daß die Eier gerade davon bedeckt wären. Essig zugeben. Wasser zum Sieden bringen. Die Eier einzeln in eine Schöpfkelle schlagen und nacheinander ins Wasser gleiten lassen. Nach drei bis vier Minuten (die Garzeit richtet sich nach der Größe der Eier) mit einem Schaumlöffel herausheben.
Die Eier auf einer vorgewärmten tiefen Platte anrichten, mit der Kräutersoße übergießen und sofort servieren. Als Beilagen schmecken Kartoffelschnee oder Toast und Chicoréesalat.

Tip

Sie können dieses Gericht ebenso gut mit wachsweich gekochten Eiern, die Sie halbiert anrichten, servieren.

Paradiesvogel-Brot

385 g Mehl
30 g Hefe
1/2 TL Zucker
3 EL lauwarmes Wasser
50 g Schafskäse
175 g Vollmilch-Joghurt
4 Eier
Butter zum Einfetten
2 EL Milch
100 g Schafskäse
1 Scheibe gekochter Schinken
(ca. 1/2 cm dick)
8 schwarze Oliven
1 Pfefferschote

Mehl in eine Schüssel geben. Hefe mit Zucker und Wasser darin gehen lassen. Passierten Käse mit Joghurt und drei Eiern zufügen, zu einem glatten Teig mischen.
Eine Stunde gehen lassen. Noch mal durchkneten und in eine gefettete Tortenform geben. Restliches Ei mit Milch verquirlen, Teig damit bestreichen und sternförmig belegen mit: Käse- und Schinkenwürfeln, Oliven und der Pfefferschote.
Bei gut 200 °C etwa 45 Minuten backen und noch warm servieren.
Beilage: grüner Salat.

Eggypter

Kräuter-Rührei auf Basilikum-Tomaten

500 g Eiertomaten
2 EL Öl
Salz, frisch gemahlener Pfeffer
1 Prise Zucker
1 Bund frisches Basilikum
6 Eier
Salz, weißer Pfeffer
6 EL Schlagsahne
4 EL gemischte, gehackte Kräuter (Dill, Schnittlauch, Petersilie, Zitronenmelisse, Sauerampfer, Estragon, Pimpinelle)
Butter oder Margarine zum Braten

Tomaten mit kochendem Wasser übergießen, abschrecken, häuten und vierteln. Dabei Kerne und Stengelansätze entfernen. Öl in einer Pfanne erhitzen, Tomaten zugeben und unter Rühren weichdünsten. Mit Salz, Pfeffer und Zucker abschmecken.
Basilikum waschen, trockentupfen und hacken. Unter die Tomaten mischen und das Ganze warm stellen.
Inzwischen die Eier mit Salz, Pfeffer, Sahne und Kräutern verquirlen.
Butter oder Margarine in einer Pfanne erhitzen, bis sie schäumt. Eimasse zugeben und unter ständigem Rühren mit einer Gabel stokken lassen. Die Eier müssen weich und fest sein, dürfen jedoch keinesfalls trocken werden.
Basilikum-Tomaten auf vier vorgewärmten Tellern anrichten, die Rühreier darüber verteilen und sofort servieren. Dazu schmeckt frisches Stangenweißbrot sowie grüner Salat. Als Getränk paßt ein leichter, trockener Rosé.

Tip

Sie können die Rühreier variieren, indem Sie zuerst abgetropfte Krabben in der Butter erhitzen und dann die Eiermasse darübergeben. Fortfahren, wie im Rezept beschrieben.

Eier-Krabben-Ragout

250 g Reis
8 Eier
1 Pck. helle Soße
1/4 l Wasser
Salz, Pfeffer
1 kleine Dose Krabben
Zitronensaft
Curry
1 TL Butter
1/2 Bund Petersilie

Reis zehn Minuten in Salzwasser garen, dann abgießen. Anschließend in eine gefettete Reisrandform pressen, stürzen.
Eier zehn Minuten kochen, schälen. Soße nach Packungsaufschrift zubereiten und die Krabben darin warm machen. Mit Zitronensaft, Pfeffer und Curry fein abschmekken und dann die geschnittenen Eier unterheben. Ragout in den Reisrand geben und mit Petersilie bestreuen.

Soleier

16 hartgekochte Eier
1 1/2 l Wasser
60 g Salz
60 g Zucker
1 Bund Dill
1 Bund Petersilie
1 Stengel Estragon
1 EL Senfkörner
2 Lorbeerblätter
1 Chilischote
1 EL schwarze Pfefferkörner
1 TL Kümmel
2 Scheiben Zitrone

Wasser mit Salz, Zucker, Lorbeerblättern, Senfkörnern, Kümmel und Zitronenscheiben einmal aufkochen. Rühren, bis Salz und Zucker sich gelöst haben.
Die Schalen der hartgekochten Eier zerbrechen, Eier jedoch nicht schälen, sondern in ein ausreichend großes, gut verschließbares Glas geben. Den gewaschenen Dill und Estragon und die gewaschene Petersilie in das Glas geben und alles mit dem abgekühlten Sud übergießen.
Die Eier sollen in diesem Sud etwa 24 Stunden ziehen.
Mit Salz, Pfeffer Senf, Essig und Öl servieren.

Mississippi-Eier

2 Portionen

Margarine
1 Zwiebel
4 grüne, gefüllte Oliven
1/16 l rote Chilisoße
1/16 l Wasser
4 Tomaten
4 hartgekochte Eier
Thymian
Salz, Pfeffer
Cayennepfeffer

Die Margarine in der Pfanne schmelzen, gehackte Zwiebel und gehackte Oliven andünsten. Mit Chilisoße und Wasser auffüllen.
Tomaten köpfen und aushölen, das Fruchtfleisch aufbewahren. Salzen und pfeffern und in die Pfanne setzen.
In jede Tomate ein Ei setzen und stocken lassen. Das Innere der Tomaten in die Soße geben und mit Cayennepfeffer abschmecken. Mit Thymian garnieren.

Tip

Dazu können Sie Bratkartoffeln oder Bauernbrot reichen.

Frischkäse-Soufflé

6 Eier
5 EL Milch
40 g Mehl
2 Zwiebeln
Salz, weißer Pfeffer
2 EL gemischte Kräuter (frisch oder tiefgekühlt)
2 EL geriebener Gruyère
350 g körniger Frischkäse
Butter oder Margarine für die Form

Eier trennen. Eigelb mit Milch und Mehl verrühren. Zwiebeln schälen und fein hacken. Zusammen mit allen übrigen Zutaten unter die Eigelbmasse rühren.
Eiweiß zu steifem Schnee schlagen und mit einem Holzspatel vorsichtig unter den Teig ziehen. Den Boden einer Soufflé-Form einfetten und die Masse einfüllen. Im vorgeheizten Backofen auf der zweiten Schiene von unten bei 175 °C (Gas: Stufe 2) etwa 30 Minuten backen. Während dieser Zeit den Ofen keinesfalls öffnen, sonst fällt das Soufflé zusammen.
Beilage: Gurken- oder Tomatensalat.

Tip

Wichtig für das Gelingen eines Soufflés ist die Qualität der Eier: Sie müssen ganz frisch sein. Das erkennen Sie, wenn Sie das Ei auf einen flachen Teller schlagen: Der Dotter ist leicht gewölbt, das Eiweiß geleeartig und umgibt das Gelb in zwei verschieden hohen „Zonen“. Der Eischnee wird stabiler, wenn Sie einige Tropfen Zitronensaft oder etwas Salz mitschlagen. Die Masse muß unbedingt schnittfest sein. Keinesfalls dürfen Sie den Schnee unter die Eigelb-Käsemasse rühren; dadurch würden Sie nämlich auch die Luft, die das Soufflé schaumig-locker macht, wieder herausrühren. Die Soufflé-Form sollte grundsätzlich nur zu 2/3 gefüllt werden. Ein Soufflé muß immer sofort serviert werden.

Sülzkoteletts

4 Koteletts
1 Glas Mixed Pickles
8 Blatt Gelatine
2 EL Essig
Salz, Pfefferkörner
1 Lorbeerblatt
1 Zwiebel
etwas Öl
2 hartgekochte Eier

Koteletts in einem halben Liter Wasser mit Salz, Pfefferkörnern, geschälter Zwiebel und Lorbeerblatt etwa 30 Minuten kochen lassen. Den Sud abseihen und die Koteletts kalt stellen. Sud mit eingeweichter, gut ausgedrückter Gelatine und Essig vermischen und abschmecken. Sülzkotelettformen mit Öl ausstreichen, eine dünne Lage Brühe hineingießen und zum Stocken kalt stellen. Auf diese Geleeschicht ein Muster mit Mixed Pickles legen, darauf Ischeiben dekorieren und darüber das Kotelett legen.
Mit Sud auffüllen und zusammen stocken lassen. Dann gestürzt mit Röstkartoffeln anrichten.

Fischfilets in Eiersoße

4 Seefischfilets (Kabeljau, Goldbarsch, Leng, Seehecht)
1 Zitrone
Salz
1 Zwiebel
2 Knoblauchzehen
1 Bund Suppengrün
8 Pfefferkörner
1/4 l Essig
1/3 l Milch
1 EL Butter oder Margarine
1 EL Mehl
1 TL englisches Senfpulver
1/8 l Weißwein
4 hartgekochte Eier
Worcestersoße
1 El gehackter Schnittlauch
Paprika

Fischfilets säubern, säuern, salzen. Zwiebel vierteln, die Knoblauchzehen fein hacken. Mit grob zerschnittenem Suppengrün, Pfefferkörnern, gut einem halben Liter Wasser und Essig 10 bis 15 Minuten ziehen lassen.
Inzwischen Milch aufkochen, Butter und Mehl verkneten, in die leise kochende Milch mit dem Schneebesen einrühren, bis die Soße sämig ist. Dann Senfpulver, Salz, Pfeffer, Wein, zerdrückte Eigelbe, einige Tropfen Worcestersoße und Schnittlauch darin verrühren.
Das Eiweiß fein hacken und unterziehen. Erhitzen aber nicht mehr kochen.
Über die abgetropfen, warmgestellten Fischfilets verteilen und mit Paprika besprenkeln.

Käsespätzle

500 g Mehl
3 Eier
3 Zwiebeln
etwas Salz
ca. 1/4 l Wasser
150 g Emmentaler
75 g Butter

Mehl in eine Schüssel sieben, in die Mitte eine Vertiefung drücken. In diese Wasser, Salz und verquirlte Eier geben und mit dem Mehl zu einem dickflüssigen Teig verschlagen, bis sich Blasen bilden.
Dann zugedeckt etwa eine halbe Stunde ruhen lassen. Den Teig auf ein mit kaltem Wasser abgespültes Spätzlebrett streichen und mit einem Messer streifenweise in zwei bis drei Liter kochendes Salzwasser schaben. Wenn die Spätzle an die Oberfläche kommen, mit einem Schaumlöffel herausnehmen, gut abtropfen lassen und schichtweise abwechselnd mit geriebenem Käse in eine Schüssel füllen.
Die oberste Schicht sollten Spätzle sein. Zwiebeln in Würfel oder Ringe schneiden. In Butter rösten und über die Spätzle geben.
Dazu frischen Salat reichen.

Ich koche
huhnbeschreiblich
Puth.

Das Tüpfelchen auf dem Ei

Beilagen und Soßen

Currysoße

3 Eier
3 milchsaure Gurken
2 Becher Joghurt
3 EL Öl
2 TL Curry
Kräutersalz
Salz, Pfeffer
1 Prise Cayennepfeffer
1 EL Zitronensaft

Die hartgekochten Eier abschrekken, pellen und sehr fein hacken. Gurken in kleine Würfel schneiden. Mit allen Zutaten zu einer cremigen Soße verrühren und herzhaft abschmecken.

Avocadosoße

1 reife Avocado
Saft einer Zitrone
1 EL Mayonnaise
1 TL gehackte Zwiebel
1 EL Olivenöl
Salz, schwarzer Pfeffer

Avocado mit einer Gabel zerdrükken. Zitronensaft, Mayonnaise, Zwiebel, Salz und Pfeffer hinzufügen. Gut mischen. Öl und Essig verrühren und unter die Avocadomasse heben.

Eiermayonnaise mit Variationen

1 Eigelb
200 - 300 g Öl
2 TL Zitronensaft
1 TL Senf
Salz, Pfeffer
1 Prise Zucker

Eigelb mit Zitronensaft und Senf verrühren und dann tropfenweise das Öl unterschlagen. Wenn eine feste, weiße, schaumige Masse entstanden ist, diese mit Salz, Pfeffer und Zucker vermischen und abschmecken.

Tip

Variationen:
Unter die fertige Mayonnaise folgende Zutaten mischen:
grob zerdrückten grünen Pfeffer, gehackte gemischte Kräuter, Tomatenmark, Curry und zerdrückte Banane, reichlich Meerrettich, gehackte Mixed Pickles, zerdrücktes Ei und Schnittlauch.

Sauce Béarnaise

50 g Weißwein
25 g Essig
2 Schalotten
Kerbel
3 Eigelb
250 g Butter
Estragon
Salz, Pfeffer

Weißwein mit Essig, einigen feingehackten Schalotten, etwas gewiegtem Kerbel, Pfeffer und einer Prise Salz auf etwa ein Drittel des Gehaltes einkochen und erkalten lassen. Drei Eigelbe hinzufügen, im Wasserbad mit angewärmter, jedoch nicht flüssiger Butter mit dem Schneebesen schaumig schlagen, mit frischem, gewiegtem Estragon und Kerbel abschmecken.

Krabbensoße

60 g Butter
2 EL gehackte Zwiebeln
350 g Champignons in Scheiben
60 g Mehl
1/2 TL Salz
1/2 TL milder Paprika
frisch gemahlener Pfeffer
1/3 l Milch
1 TL Worcestersoße
2 geschlagene Eigelb
2 EL trockener Weißwein
750 g Krabben

Butter in einer großen Pfanne erhitzen und die Zwiebeln und die Pilze darin köcheln lassen, bis diese weich sind. Mehl, Salz, Paprika und Pfeffer dazugeben. Die Milch und Worcestersoße langsam auf mittlerer Flamme einrühren, bis die Soße dick ist und Blasen wirft. Weißwein und Krabben hinzufügen. Das Ganze warmhalten.

Grüne Eiersoße

6 hartgekochte Eier
2 EL Senf
50 g Sauerrahm
100 g Frischkäse
100 g frischer Blattspinat
frisch gemahlener schwarzer Pfeffer

Den Spinat gut waschen und fein hacken.
Die Eier trennen, das Eiweiß hakken, das Eigelb mit einer Gabel zerdrücken und mit Sauerrahm, Frischkäse und Senf verrühren. Gehacktes Eiweiß mit Spinat unter die Masse geben und Abschmekken.

Zitrone-Senf-Soße

1/4 l Olivenöl
1/16 l Zitronensaft
1/2 TL Salz
1 TL Worcestersoße
1 1/2 TL Senf
1/2 TL Honig
1/4 TL weißer Pfeffer

Alles in ein hohes Glas geben und gut durchschütteln.

Grüne Soße aus Hessen

1 Becher Sauerrahm
3 EL Öl
1 milchsaure Gewürzgurke
2 halbhart gekochte Eier
1 kleine Zwiebel
abgeriebene Schale und Saft 1/2 Zitrone
1/2 TL Senf
Salz, Pfeffer
Paprikapulver
3 EL frische, gehackte Kräuter

Es gehören mindestens sieben verschiedene Kräuter in die Soße: Petersilie, Schnittlauch, Dill, Kresse, Pimpinelle, Borretsch, Estragon, Zitronenmelisse, etwas Salbei, auch Kerbel, Liebstöckel, zarte Wildkräuter.
Sauerrahm mit dem Öl verrühren, die Gewürze einrühren, ebenso die Kräuter. Alle anderen Teile sehr fein geschnitten zugeben – ziehen lassen.

Spätzle

500 g Mehl
4 - 5 Eier
Salz

Eier mit Mehl und Salz zu einem zähflüssigen Teig verrühren (eventuell noch ein Ei zugeben). Teig zwei Stunden ruhen lassen, dann durch den Spätzlehobel portionsweise in kochendes Salzwasser geben (oder vom Brett schaben). Spätzle, die an die Oberfläche steigen, mit einem Schaumlöffel herausheben und in einer vorgewärmten Schüssel warmhalten, bis alle Spätzle fertig sind.

Semmelknödel

5 - 6 alte Vollkornbrötchen
1/4 l Schlagsahne
1/4 l Wasser
2 Eier
1 Zwiebel
Salz, Pfeffer
Petersilie
1 EL Öl

Brötchen in feine Scheiben schneiden und in lauwarmer Flüssigkeit (Sahne, Wasser) einweichen. Zwiebel in Öl hellgelb dünsten, mit Eiern, Salz, Pfeffer, gehackter Petersilie unter den Brötchenteig kneten.
Mit nassen Händen kleinen Probekloß formen und in siedendes Salzwasser legen. Sollte er zu weich sein, noch Weizenvollkornmehl oder Paniermehl unterkneten. Semmelknödel in siedendem Salzwasser bei kleiner Hitze zugedeckt 15 bis 20 Minuten ziehen lassen.

Tip

Es ist besser, statt Milch ein Gemisch aus Sahne und Wasser zu verwenden.

Du hast dich ja richtig in Schale geworfen!
puth.

Ei wie süß!

Desserts und Kuchen

Johannisbeer-Schaumspeise

1/2 l Johannisbeersaft
Zucker
12 Blatt Gelatine
4 Eiweiß
1/8 l Schlagsahne

Johannisbeersaft mit der aufgelösten Gelatine vermischen und stocken lassen. Kurz bevor der Saft ganz erstarrt ist mit dem Mixer zu Schaum aufschlagen. Dann mit steifgeschlagenem Eiweiß und Sahne vermischen und mit Beeren belegt in Gläsern anrichten.

Rhabarber mit Schnee

500 g Rhabarber
4 EL Honig
2 - 3 Eiweiß
100 g grob gemahlene Mandeln
1/2 TL abgeriebene Zitronenschale

Rhabarber putzen, waschen und in 1 cm lange Stücke schneiden. In eine Auflaufform füllen, mit zwei Eßlöffeln Honig verrühren. Eiweiß steif schlagen, zwei Eßlöffel Honig dazugeben. Gehackte Mandeln und Zitronenschale unterheben. Rhabarber (der inzwischen Saft gezogen hat) durchrühren, Eischnee darauf verteilen. 20 Minuten bei 180 °C backen.

Orangen-Weinspeise

4 Eier
4 EL Zucker
4 Blatt weiße Gelatine
1/8 l Schlagsahne
2 Orangen
1/10 l Weißwein

Eigelb und Zucker schaumig rühren. Den Saft von zwei Orangen und die abgeriebene Schale von einer Orange mit dem Weißwein zugeben. Die in kaltem Wasser eingeweichte und in drei Eßlöffeln heißem Wasser aufgelöste Gelatine unter ständigem Rühren unterziehen, Eischnee und Sahne vorsichtig unterheben.
Die Creme nun ungefähr eine Stunde kalt stellen.

Zuppa inglese

1/2 l Milch
5 Eigelb
125 g Zucker
1 Pck. Vanillinzucker
30 g Mehl
1/2 Tasse kalte Milch
100 g kandierte Früchte
1 fertiger Biskuitboden
5 Eiweiß
100 g Puderzucker
Alchermes (ital. Likör)
Rum

Milch zum Kochen bringen. Eigelbe, Zucker, Vanillinzucker und Mehl gut verrühren. Die kalte, und dann langsam die kochende Milch dazugießen und alles mit dem Schneebesen kräftig verschlagen, bis eine cremige Masse entstanden ist. Diese in einen Topf gießen und bei milder Hitze unter ständigem Rühren einmal kurz aufkochen lassen. In eine Schüssel geben und auskühlen lassen, dabei mehrmals umrühren, damit sich keine Haut bildet.
Die kandierten Früchte in Würfel und den Biskuit in feine Scheiben schneiden. Eiweiß zu steifem Schnee schlagen, Puderzucker unterheben.
Eine feuerfeste Form mit einer Lage Creme bestreichen, Biskuitscheiben daraufgeben und mit Rum beträufeln. Wieder etwas Creme darübergeben, mit Biskuit abdecken und diese Schicht mit Alchermes tränken. Dieser Vorgang wird solange wiederholt bis alle Zutaten verbraucht sind. Die letzte Lage sollte aus Creme bestehen. Zum Schluß mit kandierten Früchtewürfeln bestreuen, den Eischnee darüberstreichen und im vorgeheizten Backofen bei 180 °C goldbraun backen. Kalt servieren.

Salzburger Nockerln

2 Eigelb
1 Pck. Vanillinzucker
Schale von 1/2 Zitrone
2 EL Mehl
4 Eiweiß
Salz
30 g Zucker
Butter zum Einfetten
Puderzucker zum Bestäuben

Eigelbe mit Vanillinzucker und abgeriebener Zitronenschale schaumig rühren. Mit Mehl bestäuben. Eiweiß mit einer Prise Salz steif schlagen. Nach und nach den Zucker einrieseln lassen. Etwas Eiweiß locker mit der Eigelbmasse vermischen. Dann alles auf den übrigen Eischnee gleiten lassen und mit einem Teigspatel vorsichtig unterheben. Es darf nicht gerührt werden, sonst würde der Schnee zusammenfallen! Sofort in eine gefettete, längliche feuerfeste Form geben und mit dem Spatel zu drei Hügeln formen. In den auf 180 °C vorgeheizten Ofen schieben und zehn bis zwölf Minuten backen. Die Salzburger Nockerln sollen außen hellbraun, innen aber noch cremig sein.

Brotpudding mit Vanillesoße

8 bis 10 Portionen

250 altbackenes Vollkornbrot
1/8 l Milch
150 g Butter oder Margarine
100 g Zucker
3 Eigelb
1 TL Zimt
je 1 Prise Nelkenpulver und abgeriebene Muskatnuß
1 Pck. Vanillinzucker
abgeriebene Schale einer halben Zitrone
1 Prise Salz
2 EL weißer Rum
50 g geriebene Schokolade (Zartbitter)
50 g geriebene Mandeln
4 Eiweiß
Für die Vanillesoße:
1/4 l Milch
1/4 l Schlagsahne
1/2 Vanillinschote
125 g feiner Zucker
5 Eigelb

Vom Vollkornbrot die Rinde abreiben und das Brot in der Milch einweichen. Butter mit Zucker und Eigelb schaumig rühren, bis sich der Zucker gelöst hat. Zimt, Nelkenpulver, Muskatnuß, Vanillinzucker, Zitronenschale, Salz und Rum zugeben. Eingeweichtes Brot mit einer Gabel etwas zerpflücken, dann mit Mandeln und Schokolade unter die Buttermasse rühren. Eiweiß sehr steif schlagen und mit einem Holzspatel unter die Masse ziehen. Teig in eine gefettete Puddingform (mit Deckel) geben. Form verschließen und den Brotpudding im Wasserbad ca. 90 Minuten kochen (Garprobe machen: Der Pudding ist fertig, wenn an einem Holzstäbchen, das man hineinsticht, keine Teigreste mehr haften bleiben),
Während der Pudding gart, die Vanillinsoße zubereiten: Milch und Sahne mit der aufgeschlitzten Vanilleschote auf kleiner Flamme zehn Minuten leise kochen. Inzwischen den Zucker mit Eigelb schaumig schlagen. Sahnemilch etwas abkühlen lassen, dann langsam in die Eigelbmasse rühren. Das Ganze wieder auf die Kochplatte stellen und bei milder Hitze aufschlagen, bis die Soße dick wird.
Den Brotpudding auf eine vorgewärmte Platte stürzen. Vanillesoße gesondert dazu servieren.

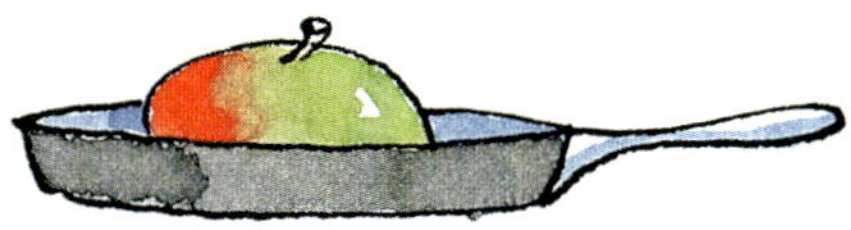

Apfelküchle

250 g Weizenvollkornmehl
2 - 3 Eier
1/2 l Sahne und Wasser (halb und halb)
3 Äpfel
1/2 TL Vollmeersalz
Öl

Eigelb, Salz und Flüssigkeit verquirlen. Mehl unterrühren. Eiweiß steif schlagen und unterheben. Äpfel mit der Schale grob raspeln oder in dünne Scheiben schneiden und unter den Teig ziehen. Die Küchle in wenig Öl in der Pfanne goldgelb backen.

Biskuitroulade

4 - 5 Eigelb
125 g Honig
3 EL warmes Wasser
175 g Weizenvollkornmehl
1 gestr. TL Backpulver
Füllung:
1/4 l Schlagsahne
80 g Honig
frische Früchte der Saison

Eigelbe und Honig mit Handmixer oder Küchenmaschine rühren, Wasser eßlöffelweise zugeben. So lange rühren, bis die Masse sehr schaumig ist. Schnitt mit dem Küchenmesser sollte zu sehen sein! Zum Schluß Eischnee und Mehl abwechselnd leicht unterheben. Das Backpulver erst in das letzte Drittel des Mehls geben.
Backblech fetten und mit Pergamentpapier auslegen, das ebenfalls eingefettet wird.
Die schaumige Teigmasse gleichmässig auftragen und in dem auf 200 °C vorgeheizten Backofen 12 bis 15 Minuten hellgelb backen. Sofort auf ein Geschirrtuch stürzen. Das Pergamentpapier sofort abziehen. Die Biskuitplatte mit dem Tuch aufrollen und ca. zwei Stunden auskühlen lassen.
Füllung: ein viertel Liter Sahne schlagen. Bevor die Sahne ganz steif ist, etwa 80 g Honig dazugeben. Frische Früchte (Erdbeeren, Himbeeren o. ä.) zerkleinern und unter die steife Sahne mischen. Die ausgekühlte Roulade auseinanderrollen, mit der Füllung bestreichen, wieder zusammenrollen und gut gekühlt servieren!
Wenn es ganz schnell gehen soll, rollen Sie die Biskuitplatte nicht auf. Nachdem sie abgekühlt ist, in vier gleichmäßige Streifen schneiden. Diese Stücke werden geschichtet, zwischen jede Lage wird die oben beschriebene Füllung gestrichen. Die fertige Torte rundherum mit Schlagsahne bestreichen – notfalls nochmals ein achtel Liter zusätzlich steif schlagen – und mit Früchten, Mandelsplittern, gerösteten, fein gemahlenen Haselnüssen o.ä. verzieren.

Maiskuchen

1/2 l Milch
100 g Butter
200 g Zucker
300 g feiner Maisgrieß
100 g Mehl
5 Eier
150 g Sultaninen
150 g Pinienkerne
1/2 TL Salz
1 Pck. Backpulver
geriebene Schale einer Zitrone
1 Pck. Vanillinzucker

Milch zum Kochen bringen, Zucker und Salz dazugeben. Mehl und Maisgrieß mischen und unter ständigem Rühren zu der Milch geben. Masse in eine Schüssel füllen, mit Butter, Eiern, Sultaninen, Pinienkernen, Zitronenschale, Vanillinzucker und Backpulver vermengen.
Eine Napfkuchenform mit Butter ausstreichen und mit Mehl bestäuben. Masse hineinfüllen und im vorgeheizten Backofen bei 175 °C ca. 30 Minuten backen.

puth.
Huhngarische Rapsodie

Zimtparfait mit Aprikosenmark

6 Portionen

3 Eier
75 g Zucker
2 TL gemahlener Zimt
1 EL Orangenlikör
abgeriebene Schale einer Zitrone
1/4 l Schlagsahne
für das Aprikosenmark:
500 g Aprikosen
1 EL Zitronensaft
1 EL Zucker
4 cl Aprikosenlikör

Für das Parfait die Eier schaumig schlagen. Zucker, Zimt, Orangenlikör und abgeriebene Zitronenschale zugeben und rühren, bis sich der Zucker ganz gelöst hat und die Masse weißlich und dickflüssig ist. Sahne sehr steif schlagen und unter die Eiermasse ziehen. In eine Porzellanschüssel füllen und zugedeckt ins Tiefkühlfach oder in den Gefrierschrank stellen. In ca. drei Stunden halbsteif frieren lassen.
Für das Aprikosenmark die Früchte mit kochendem Wasser übergießen, ziehen lassen, dann mit kaltem Wasser abschrecken und häuten. Aprikosen halbieren und die Kerne entfernen. Früchte in Stücke schneiden und im Mixer pürieren. Zitronensaft, Zucker und Aprikosenlikör unterrühren.
In jedes Dessertschälchen etwas Aprikosenmark geben, das Zimtparfait darüber verteilen und mit dem restlichen Aprikosenmark überziehen.

Buttercreme

4 Eigelb
125 g Zucker
1/4 l Milch
Mark einer Vanilleschote
200 g Butter

Eidotter mit Zucker schaumig rühren. Milch mit dem Vanillemark aufkochen, die Vanillemilch der gerührten Eigelbmasse nach und nach beigeben. Das Ganze bei geringer Hitze unter ständigem Rühren erhitzen, bis ein eingetauchter Löffel damit überzogen bleibt.
In eine Schüssel geben.
Butter schaumig rühren, die lauwarme Crememasse eßlöffelweise einrühren.

Tip

Bei gekochten Cremes die Grundmasse unter Rühren und mit geringer Wärmezufuhr erhitzen, damit die Eier nicht gerinnen. Sollte das doch passieren, dann durch ein Haarsieb seihen und mit etwas aufgelöster Gelatine binden.

Afrikanischer Dattelkuchen

400 g Weizenvollkornmehl
3 TL Backpulver
2 Msp. Salz
500 g Datteln
250 g Hasel- oder Walnüsse
4 Eier
250 g Butter

Vollkornmehl und Backpulver mischen. Die Datteln entkernen und kleinschneiden. Die Nüsse fein reiben. Zerlassene Butter, geschlagene Eier und alle anderen Zutaten unter das Mehl kneten. Den fertigen Teig auf ein gefettetes Blech streichen. Bei 200 °C 15 Minuten backen. Abkühlen lassen und in kleine Würfel schneiden.

Schokoladentorte

5 Eier
5 EL heißes Wasser
175 g Zucker
250 g Mehl
2 gestrichene TL Backpulver
100 g geriebene Schokolade
Rum zum Tränken
Füllung:
1/2 l Schlagsahne
Borkenschokolade

Eier trennen. Die Eigelbe mit heißem Wasser und Zucker zu einer dicken, cremigen Masse schlagen, den steifgeschlagenen Eischnee daraufgeben, das mit Backpulver vermischte Mehl darübersieben und die gemahlene Schokolade hinzufügen.
Mit einem Schneebesen alles lose untereinanderheben, in eine gefettete Springform füllen und bei nicht zu starker Hitze goldgelb backen.
Nach dem Erkalten zweimal durchschneiden, jeden Boden mit Rum tränken und mit geschlagener, gesüßter Sahne bestreichen. Dann die Böden wieder zusammensetzen, die Torte mit Sahne bestreichen und mit Borkenschokolade verzieren.

Apfel-Beignets

4 große Äpfel
4 EL Puderzucker
Saft von 1/2 Zitrone
1 TL Rum
150 g Mehl
1 Prise Salz
2 Eier
das Mark von 1 Vanilleschote
1/2 TL Backpulver
1/4 l Milch
Fett zum Ausbacken

Äpfel schälen, entkernen und in nicht zu dünne Scheiben schneiden. Apfelscheiben mit Puderzukker bestreuen und mit Rum oder Weinbrand beträufeln.
Mehl, Salz, Eier, Vanillemark, Backpulver und Milch zu einem flüssigen Teig anrühren. Apfelscheiben von beiden Seiten in diesen Teig tauchen und in der Pfanne von beiden Seiten goldgelb backen.
Apfel-Beignets mit Zucker bestreut möglichst heiß servieren.

Kiwikränze

12 Eier
300 g Zucker
225 g Puderzucker
45 g Speisestärke
Füllung:
4 - 6 Kiwis

Eiweiß steif schlagen und dabei langsam den Kristallzucker einrieseln lassen. Puderzucker mit Speisestärke über den Eischnee sieben und mit einem Schneebesen unterheben. Baisermasse in einen Spritzbeutel füllen.
Backblech mit Backpapier auslegen und je nach Wunsch acht bis zwölf Torteletts daraufspritzen. Jeden Baiserkranz mit einem Tupfenrand versehen.
Im vorgeheizten Backofen bei 50 °C ca. zehn Stunden trocknen lassen. Die Tür des Backofens sollte während dieser Zeit mit einem Kochlöffel einen Spalt offengehalten werden. Die fertigen Törtchen mit geschälten, in Scheiben geschnittenen Kiwis belegen.

Baskische Creme

3/4 l Milch
2 Stangen Zimt
4 Eier
2 Eigelb
80 - 100 g Zucker
Biskuits zum Garnieren

Milch mit Zimtstangen in einem Topf langsam erhitzen, bis sich am Rand Bläschen bilden und die Milch fast anfängt zu kochen. Den Topf dann vom Herd nehmen.
Eier mit Eigelben und dem Zucker sehr schaumig schlagen. Unter ständigem Schlagen nach und nach die Milch (ohne Zimtstange) zugießen und die Masse bei sehr schwacher Hitze (oder im Wasserbad) schlagen, bis sie cremig-fest wird. Sie darf aber auf keinen Fall kochen, sonst gerinnt sie. Abkühlen lassen, dabei hin und wieder umrühren, damit sie sich nicht absetzt.
In Gläser oder Schalen füllen und vor dem Servieren mit Biskuits garnieren.

Mohntorte

250 g Butter
250 g Honig
250 g gequetschter Mohn
150 g gemahlene Haselnüsse
7 Eier
Rum
Zimt
Vanille

Fett schaumig rühren, Honig und Eigelbe langsam zugeben, dann die Gewürze. Eiweiß steif schlagen. Abwechselnd Mohn, Haselnüsse und Eischnee von Hand unterheben. Form (26 cm Durchmesser) mit Alufolie auslegen und fetten. Backofen auf 160 °C vorheizen. Backzeit: 30 Minuten bei 160 °C, dann 30 Minuten bei 180 °C.

Vereidigung

Englischer Pudding

125 g trockener Pumpernickel oder dunkles Roggenbrot
100 g geschälte Mandeln
1 TL gemahlener Zimt
1 Lsp. gemahlene Nelken
125 g Sultaninen
100 g gewürfeltes Zitronat
1/4 l trockener Rotwein
3 Eier
250 g Zucker
Saft von 1/2 Zitrone
Margarine zum Einfetten
1/4 l Schlagsahne
1 Pck. Vanillinzucker
1/8 l Eierlikör

Pumpernickel und Mandeln fein reiben und mit Zimt und Nelken mischen. Sultaninen waschen, trockenreiben, mit Zitronat zur Pumpernickelmischung geben. Rotwein darüber gießen und alles 20 Minuten durchziehen lassen. Die Eier trennen. Eigelb mit der Hälfte Zucker und Zitronensaft weißschaumig schlagen. Eiweiß mit der übrigen Zuckermenge ebenfalls cremig-steif schlagen. Die eingeweichte Brotmasse unter die Eicreme rühren, den Eischnee locker unterziehen.
Die Masse in eine gut gefettete Puddingform mit Deckel füllen. Die Form verschließen und den Pudding im warmen Wasserbad 40 Minuten garen. Anschließend zehn Minuten offen ausdampfen lassen. Nebenher die Sahne mit Vanillinzucker halbsteif schlagen, Eierlikör unterziehen.
Den heißen Pudding auf eine Platte stürzen und sofort servieren. Die Eierlikörsahne getrennt dazu reichen.
Den englischen Pudding warm als Dessert oder kalt zu einer Tasse Tee oder Kaffee am Nachmittag reichen.

Bayrischer Apfelschmarren

6 altbackene Brötchen
1/4 l Milch
4 Eier
1 Prise Salz
80 g Zucker
1 Zitrone
1 kg Äpfel
Butter und Brösel für die Form
1/2 Tasse Rosinen
2 EL Butterflöckchen

Brötchen in dünne Scheiben schneiden und in eine Schüssel geben. Milch mit Eiern, Salz, Zucker und Zitronensaft verquirlen und über die Brötchenscheiben gießen. Äpfel schälen und in Spalten schneiden. Eine feuerfeste Form mit Butter ausstreuen. Die Hälfte der gut durchgeweichten Brötchenmasse hineingeben, Apfelspalten und Rosinen darüberdekken, die restlichen Brötchen darüberfüllen und alles mit Butterflöckchen bestreuen und im Backofen etwa eine Stunde backen.

Tiramisu

300 g Mascarpone
50 g Zucker
4 Eier
5 cl Brandy
1 Tasse schwarzer Kaffee
Kakao

Mascarpone mit Eigelb und Zucker verrühren. Eiweiß zu sehr steifem Schnee schlagen, mit der Mascarponemasse verrühren. Dann den Boden einer kleineren Schale mit Biskuits auslegen und mit Brandy und Kaffee tränken. Darauf etwa zwei Drittel der Mascarponemasse verteilen. Dann eine zweite Schicht Biskuits darüberlegen, wieder mit Kaffee und Brandy tränken. Die restliche Masse glatt darüberstreichen, mit Kakao bestreuen.

Gedeckter Aprikosenkuchen

200 g Butter
200 g Honig
4 Eier
Schale von 1 Zitrone
250 g Weizenvollkornmehl
1/2 TL Backpulver
100 g fein gemahlene Haselnüsse
500 - 700 g reife Aprikosen (oder 250 g getrocknete, ungeschwefelte)

Honig, Butter und Eier schaumig rühren, die abgeriebene Zitronenschale, das mit Backpulver vermischte Mehl einrühren, desgleichen die gemahlenen Nüsse. Gut die Hälfte des Teiges in eine 26er Springform (gefettet, gebröselt) geben. Die Aprikosenhälften, mit der Schnittseite nach unten, in den Teig drücken. Den restlichen Teig vorsichtig über die Früchte verteilen.
Bei 200 °C, unterste Schiene, ca. 50 Minuten backen, davon die letzten 15 Minuten abgedeckt mit Pergamentblättern.
Anstelle der Aprikosen eignen sich auch Kirschen, Apfelhälften oder Zwetschgen.

Schokoladentorte

250 g Butter
250 g Zucker
5 Eier
250 g gemahlene Mandeln
50 g bittere geriebene Schokolade
75 g Mehl
Butter und Semmelbrösel für die Form
1/8 l Schlagsahne

Butter und Zucker schaumig rühren und nach und nach die Eier unter ständigem Rühren hinzufügen. Löffelweise Mandeln, Schokolade und Mehl zur Masse geben und verrühren.
Eine Springform mit Butter ausstreichen und mit Semmelbrösel ausstreuen. Teig hineinfüllen und im vorgeheizten Backofen bei 175 °C ca. 75 Minuten backen. Etwas abkühlen lassen, aus der Springform nehmen und mit Sahne servieren.

Florentiner Savarin

350 g Mehl
20 g frische Hefe
2 EL Zucker
1 Tasse Milch
1 Prise Salz
150 g Butter
4 Eier
Zum Ausstreuen der Form:
Butter
Semmelbrösel
Zum Überziehen und Verzieren:
500 g Erdbeeren
1/2 Tasse Wasser
100 g Zucker
1 TL weißer Rum

Mehl in eine Schüssel sieben. Hefe mit drei bis vier Eßlöffeln lauwarmer Milch und einem Teelöffel Zucker glattrühren. Eine Vertiefung ins Mehl drücken, Hefe hineingeben, mit Mehl bestäuben und zugedeckt an einem warmen Ort ca. 20 Minuten gehen lassen. Restliche Zutaten dazugeben, alles zu einem Teig verrühren. Zugedeckt nochmals 20 Minuten gehen lassen.
Teig in die gefettete und mit Semmelbröseln ausgestreute Savarinform füllen und nochmals ca. 15 Minuten gehen lassen.
Im Backofen bei 200 °C ca. 40 Minuten backen.

In der Zwischenzeit zwei Drittel der geputzten Erdbeeren pürieren. Wasser und Zucker erhitzen, bis der Zucker aufgelöst ist. Zuckerwasser, Rum und Erdbeermark mischen und den noch warmen Savarin damit bestreichen. Gut durchziehen lassen und mit den restlichen frischen Erdbeeren verzieren.

Crème Caramel

200 g Zucker
4 EL Wasser
1/4 l Milch
1/8 l Schlagsahne
1 Vanilleschote
2 Eier
2 Eigelb

125 g Zucker mit Wasser unter ständigem Rühren einkochen lassen, bis er eine hellbraune Farbe hat. Sofort vier kleine feuerfeste Förmchen damit ausgießen. Das muß sehr schnell gehen, da der Zuckersirup sofort fest wird. Beiseite stellen. Milch und Sahne mit der aufgeschlitzten Vanilleschote bis kurz vor dem Kochen erhitzen.
Eier und Eigelbe mit dem restlichen Zucker sehr schaumig schlagen. Vanilleschote aus der Sahnemilch entfernen und diese unter ständigem Schlagen in die Eier-Zucker-Masse gießen.
Fünf Minuten ruhen lassen, den Schaum abheben und die Flüssigkeit in die Caramelformen gießen. Im Wasserbad eine Stunde bei 150 °C im Ofen leicht sieden lassen, danach fünf Stunden kühlen und zum Servieren stürzen.

Huhn verfroren

Haselnußtorte

200 g Mehl
350 g Grießzucker
200 g Haselnußkerne
50 g Sultaninen
50 g Kartoffelmehl
6 Eier
80 g Butter
1 Pck. Backpulver
60 g Schokoladenpulver
1 Glas lauwarme Milch
200 g gehackte Mandeln
2 EL Aprikosenmarmelade
geriebene Schale einer Zitrone

Haselnußkerne im Backofen rösten, dann die braune Haut entfernen. Kerne feinhacken. Mehl, Kartoffelmehl, Zucker und Schokoladenpulver mischen.
Butter schmelzen und mit den gehackten Nüssen ins Mehl geben. Unter ständigem Rühren ein Ei nach dem anderen dazugeben.

Die eingeweichten Sultaninen und die Zitronenschale zufügen. Backpulver in lauwarmer Milch anrühren und unter die Masse ziehen. Eine Springform ausfetten, mit Mehl bestäuben und die Masse einfüllen.
Im vorgeheizten Backofen ca. 30 Minuten backen.

Wiener Guglhupf

40 g Hefe
80 g Zucker
1/8 l lauwarme Milch
150 g Butter
1 Prise Salz
Schale von 1/2 Zitrone
1 EL Rum
4 Eier
500 g Mehl
60 g Rosinen
Margarine zum Einfetten
75 g gehackte Mandeln
Puderzucker zum Bestäuben

Hefe mit etwas Zucker und Milch verrühren und etwa zehn Minuten aufgehen lassen. In der Zwischenzeit die Butter mit dem restlichen Zucker, dem Salz, der Zitronenschale, dem Rum und dem Eigelb schaumig schlagen. Zusammen mit dem Hefevorteig zum Mehl geben und unterrühren. Steifen Eischnee unterheben, den Teig 20 Minuten gehen lassen, dann die Rosinen unterziehen.
Eine gefettete Guglhupfform mit Mandeln ausstreuen, den Teig einfüllen und etwa 60 Minuten bei 180 bis 200 °C backen.
Stürzen und rundherum dick mit Puderzucker bestäuben.

Eistraum

12 Eier
1 EL Rum
150 g Zucker
4 Pck. Vanillinzucker
1 Prise Salz
5 Becher Schlagsahne
5 Pck. Sahnesteif
200 g Erdbeeren
100 g Kakao
250 g Erdbeeren
1 Kiwi
2 Scheiben Ananas

Eier trennen. Eigelbe, Rum, Zucker und Vanillinzucker schaumig schlagen. Sahne mit Sahnesteif schlagen, mit Eischnee und der Eigelbmasse vermengen. In drei gleichgroße Teile teilen.
Die helle Masse in die Form geben und in die Tiefkühlung stellen.
Erdbeeren waschen, putzen, pürieren und unter ein Drittel der Masse heben. Auf die erste Schicht füllen und gefrieren lassen.
Unter das letzte Drittel das Kakaopulver mengen und als letzte Schicht einfüllen. Mindestens fünf Stunden (besser über Nacht) im Gefrierfach frosten.
Die gefrorene Torte auf eine Platte stürzen und mit frischem, geputztem, eventuell gezuckertem Obst garnieren.

Eistorte Surprise

8 Eier
1 EL Rum
4 Pck. Vanillinzucker
1 Prise Salz
4 Becher Schlagsahne
4 Becher Sahnesteif
100 g Schokoladensplitter
200 g Sauerkirschen
2 Tafeln Vollmilchschokolade
200 g dunkle Kuvertüre
1 Tasse Kaffee
Zum Verzieren:
1 Becher Sahne
30 g Zucker
1 Pck. Sahnesteif
Mokkabohnen

Eier trennen. Eigelb, Rum, Zucker und Vanillinzucker schaumig rühren. Eiweiß und Salz steifschlagen. Sahne mit Sahnesteif schlagen, mit Eigelbmasse, Eischnee, Schokoladensplittern und Kirschen vermengen. Masse in eine mit Frischhaltefolie ausgelegte Springform (Durchmesser 26 cm) füllen und mindestens vier bis fünf Stunden (besser über Nacht) im Gefrierfach frosten lassen.
Die gefrorene Torte auf eine Platte stürzen und die Folie abziehen. Schokolade und Kuvertüre im Wasserbad auflösen, Kaffee unterrühren und die Torte mit Kuvertüre übergießen.
Sahne mit Sahnesteif und Zucker steifschlagen, in einen Spritzbeutel füllen, die Eistorte mit Sahnetupfen verzieren. Diese jeweils mit Mokkabohnen belegen.

Bitte kein
Alkohol. Ich bin
Wasserhahn!
puth.

Nicht nur für Eggoisten

Getränke

Vitamin-Egg

1 l Buttermilch
3 EL Hagebuttenmark
3 EL Honig
2 Eigelb

Alle Zutaten in einen Mixer geben oder mit dem Schneebesen gut durchschlagen.

Eierlikör

7 Eigelb
250 g feiner Zucker
2 Pck. Vanillinzucker
1/2 l Milch
150 g Alkohol (aus der Apotheke)

Eigelb mit Zucker und Vanillinzukker schaumig schlagen. Langsam die abgekochte, kalte Milch zugeben und so lange rühren, bis sich der Zucker vollkommen gelöst hat. Jetzt den Alkohol in dünnem Strahl zugießen und gut verrühren.
Den Eierlikör langsam in Flaschen füllen (immer wieder etwas Likör nachfüllen, denn die Masse schäumt stark), verkorken und im Kühlschrank aufbewahren.

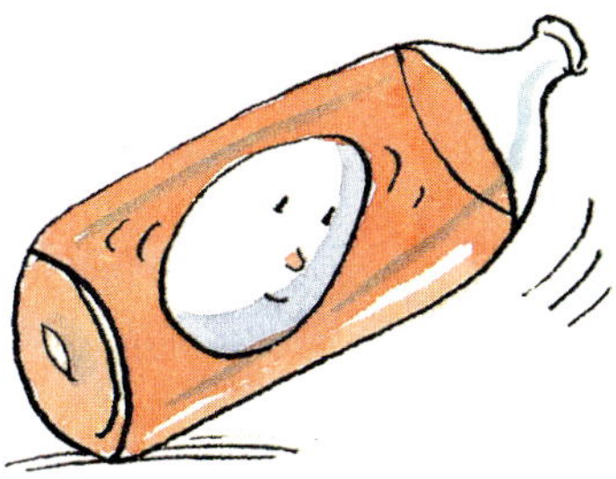

Schwarzwälder Eierpunsch

250 g Zucker
1/4 l Wasser
1 kleine Flasche Kirschwasser
6 Eigelb

Zucker mit dem Wasser zu Sirup verkochen und Kirschwasser zugießen.
Eier in einer Schüssel schaumig schlagen, unter ständigem Rühren zu der im Wasserbad befindlichen Zuckerlösung geben. Die Zubereitung im Wasserbad ist unerläßlich, da schon beim geringsten Kochen das Eigelb stocken würde.
Statt Kirschwasser, mit dem der Eierpunsch besonders gut schmeckt, kann auch Weinbrand genommen werden.

Eiergrog

1 Portion

2 Eier
20 g Zucker
1 große Tasse Wasser oder Milch
0,2 l Arrak
Weinbrand oder Rum

Zucker und Eigelb schaumig rühren.
Das kochende Wasser oder die kochende Milch sowie den Arrak ganz vorsichtig dazugeben.
Das Eiweiß zu Schnee schlagen und obenauf geben.

Tomaten-cocktail

1/2 l Tomatensaft, frisch gepreßt oder aus der Dose
Pfeffersoße
Salz
Zwiebel- und Knoblauchsalz
1 EL feingehackte Kräuter
4 Eier

Tomatensaft herzhaft mit Pfeffersoße, Salz, Zwiebel- und Knoblauchsalz abschmecken und in vier Gläser verteilen.
In jedes Glas ein Eigelb gleiten lassen und mit gehackten Kräutern bestreuen.

Obst-Egg

2 Becher Joghurt
1/2 l Buttermilch
250 g Erdbeeren, Heidelbeeren oder Himbeeren
2 Eigelb
Saft einer Zitrone
Zucker nach Geschmack

Alle Zutaten in einen Mixer geben und gut durchschlagen. Mit Strohhalmen servieren.

Schokoladen-Egg

1 l Milch
2 Eigelb
Zucker nach Geschmack
2 EL Schokoladenpaste oder Instant-Schokolade

Ale Zutaten in einen Mixer geben oder mit dem Schneebesen gut durchschlagen. Mit Zucker abschmecken.

Alle Rezepte auf einen Blick